TRAITÉ

DES

DISPOSITIONS ENTRE ÉPOUX

SOIT

PAR CONTRAT DE MARIAGE

SOIT

PENDANT LE MARIAGE

par A.-F. CASANOVA,

Receveur de l'Enregistrement, des Domaines et du Timbre.

VALENCE
IMPRIMERIE JULES CÉAS & FILS
—
1865

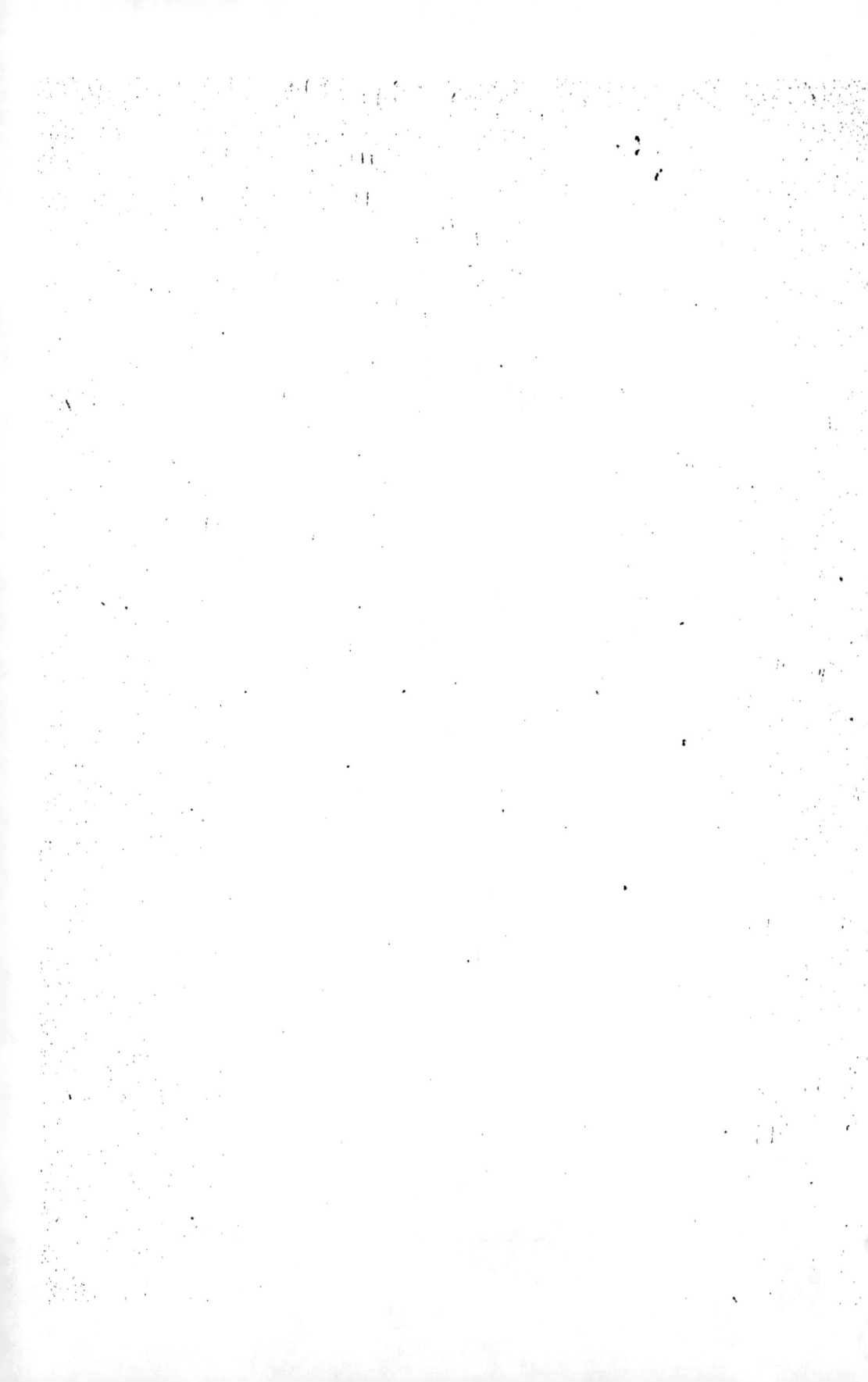

TRAITÉ

DES

DISPOSITIONS ENTRE ÉPOUX

SOIT

PAR CONTRAT DE MARIAGE

SOIT

PENDANT LE MARIAGE

par A.-F. CASANOVA,

Receveur de l'Enregistrement, des Domaines et du Timbre.

VALENCE

IMPRIMERIE JULES CÉAS & FILS

1865

C.

A MONSIEUR ROY

DIRECTEUR GÉNÉRAL DE L'ADMINISTRATION DE L'ENREGISTREMENT, DES DOMAINES
ET DU TIMBRE,

HOMMAGE DE L'AUTEUR

*Le Receveur de l'Enregistrement, des Domaines,
et du Timbre,*

CASANOVA.

Chabeuil, mai 1865.

AVANT-PROPOS.

De même qu'il n'y a que quelques intelligences d'élite, que quelques hommes spéciaux à qui il soit permis de sonder les immenses profondeurs de la science du droit, il n'y a que celui qui possède déjà l'art d'appliquer les lois qui soit réellement à même de consulter avec fruit les savants ouvrages qui expliquent et mettent à jour la grande pensée du législateur.

Aussi est-on obligé de reconnaître que si ces ouvrages sont utiles et précieux pour le juriste et le légiste proprement dits, ils ne sont jamais que d'un bien faible secours pour l'homme qui ne possède que la pratique des affaires, ou qui, ayant fait des études de droit, ne peut pas toujours consacrer un temps infini à de longues et fastidieuses recherches.

Ce ne sont donc pas des textes étendus et pleins de science qu'il faut au simple praticien; ce ne sont pas non plus des ouvrages élémentaires et à la portée de tout le monde (en matière de droit quand on écrit pour tout le monde on n'est intelligible pour personne); ce sont des traités concis mais complets, des traités spéciaux et méthodiques, en un mot, des traités occupant le milieu entre l'ouvrage volumineux et profond, et l'ouvrage qui ne contient que les éléments incomplets de la science.

Faire un livre de droit dans ces conditions, c'est, nous nous plaisons à le croire, rendre un véritable service au grand nombre de fonctionnaires qui, sans appartenir à l'ordre judiciaire, ne sont pas moins appelés à aborder les questions de droit de l'ordre le plus élevé.

Tel est le but que nous nous sommes proposé en écrivant ce petit livre pour toutes les personnes qui s'occupent de droit civil, et plus particulièrement pour les employés de l'enregistrement et pour les notaires qui sont si souvent aux prises avec les scabreuses questions qui se rattachent à la quotité disponible entre époux.

EXPLICATION

des

PRINCIPALES ABRÉVIATIONS

Sir., désigne l'Ancien recueil Sirey.
Devill. le Recueil Sirey continué par Devilleneuve et Carette.
D. A., la Collection alphabétique de Dalloz.
D. P., le Recueil périodique du même auteur.
J. N., le Journal des Notaires.
J. E., le Journal de l'Enregistrement.

DES DISPOSITIONS ENTRE ÉPOUX.

Parmi les libéralités que les époux peuvent se faire l'un à l'autre, il faut distinguer celles qui sont faites dans le contrat de mariage, et celles qui sont faites pendant le cours du mariage.

§ I.

Des donations entre époux par contrat de mariage.

I. Dispositions générales. — La loi accorde aux futurs époux la faculté de se faire par leur contrat de mariage, toutes les donations qu'un tiers peut leur faire, de conformité au chap. 8, liv. 3, tit. 2 du Code Napoléon (art. 1091).

Les futurs époux peuvent donc se faire donation de biens présents, de biens à venir, de biens présents et à venir cumulativement, enfin donation sous des conditions potestatives, c'est-à-dire dépendant de la volonté du donateur.

Toutefois, si le donateur laisse à son décès, des héritiers à réserve, la donation ne sortira à effet que jusqu'à concurrence de la quotité disponible (art. 1090).

1. — L'art. 1395 dispose que les conventions matrimoniales ne peuvent recevoir aucun changement après la célébration du mariage. Ainsi, le mariage célébré, les dispositions contractuelles ne peuvent plus subir aucune modification. Mais faut-il en conclure que l'époux donataire n'a pas le droit, pendant le mariage, de renoncer

Quelles sont les donations autorisées entre futurs époux par contrat de mariage ?

L'époux donataire peut-il, du vivant du conjoint donateur, renoncer au bénéfice de ces donations ?

1

valablement au bénéfice de la donation à lui faite par son conjoint, dans le contrat de mariage?

Cette question fort délicate d'ailleurs, est controversée. Cependant, voici les règles admises par les meilleurs auteurs et par la jurisprudence de la cour suprême :

Si la donation a pour objet des biens présents ou un droit certain et actuel, rien ne s'oppose à ce que le donataire puisse renoncer au bénéfice de ce droit, car on ne saurait contester à personne la faculté de pactiser sur la chose dont on est irrévocablement investi ; si au contraire la donation a pour objet des biens à venir, il y a lieu de décider, par argument des art. 791-1130, que, du vivant du donateur, le donataire ne peut pas renoncer au bénéfice de la donation. La donation contractuelle, en effet, ne transmet actuellement qu'un droit incertain, qu'un droit héréditaire (1).

Ainsi, quoique suspendue par la condition de survie, la donation d'une somme d'argent payable au décès du donateur, mais à prendre sur ses biens actuels, étant une donation de biens présents, le donataire peut, dans l'intervalle qui s'écoule entre le jour du contrat et celui du décès, renoncer valablement à cette donation dans le but, par exemple, de laisser à son conjoint donateur, la faculté de faire une donation préciputaire en faveur de l'un des enfants du mariage.

Troplong, n° 2550.

Cass. 11 janv. 1853 (J. N. n° 14894).

Mais la donation d'une somme d'argent à prendre sur les biens que le donateur laissera à son décès, n'étant

(1) « L'institution contractuelle, dit de Laurière (traité des inst. cont., chap. 1, n° 21), est un don irrévocable de succession, ou d'une partie de succession, fait par contrat de mariage au profit de l'un des époux, ou des enfants qu'ils doivent avoir ensemble. »
L'institution contractuelle tient du testament et de la donation entre-vifs; elle tient du testament en ce qu'elle n'a pour objet que les biens que le disposant laissera à son décès, et elle tient de la donation en ce qu'elle n'est pas révocable par la volonté ambulatoire du disposant. Un autre point la rattache à la donation entre-vifs, c'est que l'institué est saisi par son titre *ab initio* et non par le décès du donateur.

rien autre chose qu'une donation de biens à venir, on ne peut y renoncer qu'après le décès du donateur.

En un mot, la renonciation est permise ou prohibée, selon que la donation a pour objet des biens présents ou des biens à venir.

(En ce qui concerne les distinctions à faire entre les biens présents et les biens à venir, voyez le n° II, 2).

2. — A la différence des donations ordinaires, les donations faites par contrat de mariage sont dispensées de l'acceptation expresse. La présence du donataire à l'acte est considérée comme un consentement tacite (art. 1087).

Les donations faites par contrat de mariage sont-elles assujetties à l'acceptation expresse du donataire ?

3. — L'époux mineur (1) ne peut, par contrat de mariage, donner à son conjoint qu'avec l'adhésion et l'assistance de ceux dont le consentement est nécessaire pour la validité du mariage ; mais, avec leur autorisation, il peut donner tout ce que la loi permet à l'époux majeur (art. 1095).

L'époux mineur a-t-il capacité pour disposer par contrat de mariage ?

4. — Les donations entre futurs époux n'étant jamais faites qu'en vue du mariage, elles deviennent caduques toutes les fois que le mariage ne se réalise pas.

Il en serait de même si le mariage venait à être annulé après célébration : *cessante causâ, cessat effectus* (Art. 1088).

Les donations entre futurs époux deviennent-elles caduques si le mariage ne se réalise pas ?

(1) L'homme avant 18 ans révolus, et la femme avant 15 ans ne peuvent contracter mariage (art. 144). Néanmoins, il est facultatif au gouvernement d'accorder des dispenses d'âge pour des motifs graves (art. 145).

Une circulaire du Garde des sceaux, en date du 10 mai 1824 établit à cet égard, les règles ci-après :

1° On ne doit jamais accorder de dispenses aux hommes avant 17 ans accomplis, et aux femmes, avant 14 ans, sauf pour celles-ci, le cas où elles seraient devenues grosses avant cet âge.

2° On doit rejeter toutes demandes de dispenses lorsque l'homme est de quelques années plus jeune que la femme, parce qu'alors on doit présumer qu'il y a eu séduction de la part de celle-ci, et qu'il ne convient pas de favoriser les unions disproportionnées.

3° Enfin, les causes des dispenses sont entièrement laissées à l'appréciation des magistrats.

Ces donations
sont-elles révoca-
bles par la surve-
nance d'enfants?

5. — Les donations entre époux, par contrat de mariage, ne sont pas révocables par la survenance d'enfants (art. 960). Cela est incontestable, lorsque les enfants qui surviennent sont communs au donateur et au donataire; mais quand les enfants sont issus d'une seconde union contractée par le donateur, après le décès du conjoint donataire, la question est vivement controversée.

Pour soutenir que la solution doit être la même dans les deux cas, on invoque purement et simplement le texte de l'art. 960, dont les termes clairs et précis déclarent excepter de la révocation, pour cause de survenance d'enfants, les donations que se font les époux par leur contrat de mariage; et cela, sans établir aucune distinction entre le cas où les enfants naîtront du mariage qui a donné lieu à la donation, et celui où ils naîtront d'un mariage subséquent.

Merlin, v° *Rév. de don.*; Chabot, v° *Rév. de don.*, 51, n° 3; Toullier, t. V, n° 310; Duranton, t. VIII, n° 582; Bayle-Mouillard sur Grenier, t. II, p. 172; Vazeille, n° 16; Poujol, n° 10; Coin-Delisle, n° 14; Marcadé sur l'art. 960-4; Troplong, n° 1389.

Ch. Req. 29 messid., an XI (D. A. 5, 595).

Rennes, 5 déc. 1854 (D. P. 55, 2, 345).

Cass., 11 mai 1857 (D. P. 57, 1, 215).

Ceux qui prétendent, au contraire, que la survenance d'enfants d'un subséquent mariage amène la révocation de la donation, invoquent l'esprit de la loi, et ils décident que, par l'art. 960, le législateur a nécessairement voulu limiter l'exception en faveur des donations que les futurs se font entre eux, au cas seulement où les enfants naîtraient de l'union en vue de laquelle la donation a été faite, attendu que cette exception de faveur ne se justifie que parce que les enfants trouveront toujours les biens donnés dans la succession de leur père ou de leur mère ; alors que d'après le système contraire, il faudrait admettre que le législateur a voulu priver les enfants, des biens de leur propre père pour les faire passer dans des mains étrangères.

Grenier, *donat.*, n° 199 ; Delvincourt, t. II, p. 289 ; Dalloz, t. V, n°° 592,7.

Cette dernière doctrine est complètement erronée.

Du moment que l'art. 960 excepte expressément du principe de la révocation toutes les donations que les futurs époux peuvent se faire dans leur contrat de mariage, l'exception est générale et ne supporte aucune restriction.

Il en est d'autant plus ainsi que, d'une part, la règle générale de la révocation repose sur cette présomption que la donation n'aurait pas eu lieu, si le donateur avait eu des enfants ou avait espéré d'en avoir ; et que d'autre part, l'exception à cette règle repose sur l'impossibilité d'admettre cette présomption lorsque la donation est faite dans des circonstances où le donateur pouvait s'attendre à devenir père.

D'ailleurs il est incontestable que les libéralités entre futurs époux sont toujours une des conditions du mariage. Il faut donc admettre qu'elles sont faites personnellement au donataire, et non uniquement en faveur du mariage lui-même.

6. — La question de savoir si les donations faites entre futurs époux, par contrat de mariage, sont révocables pour cause d'ingratitude, est controversée ; cependant, nous n'hésitons pas à embrasser l'affirmative.

Quid, dans le cas d'ingratitude de la part du donataire ?

Il résulte bien des dispositions de l'art 1082, que toutes donations faites en faveur de mariage sont réputées faites au profit tant des époux que *des enfants à naître de leur union;* De là l'art. 959 qui décide que les donations en faveur de mariage ne sont pas révocables pour cause d'ingratitude; mais ces dispositions de la loi sont simplement applicables aux donations faites aux futurs époux par des tiers, et non à celles que les futurs époux se font entre eux. si le législateur a eu de puissants motifs pour prohiber la révocation des donations faites par des tiers, ces motifs disparaissent complètement en ce qui concerne les donations entre futurs époux. En effet, celles-là ne sont pas révocables, par la raison qu'il eût été peu équitable que les enfants fussent exposés à devenir les victimes innocentes du fait d'ingratitude reproché à leur père; mais il en est autrement de celles-ci : car, que ce soit du chef de leur père, ou de celui de leur mère, les enfants seront toujours appelés à jouir des biens atteints par la révocation.

En tout cas, les faits qui constituent l'ingratitude de l'époux sont également une cause de la séparation de corps, et cette séparation opère de plein droit la révocation de la donation faite au mauvais époux.

La loi ne s'explique pas, à la vérité, d'une manière catégorique sur les effets de la séparation de corps ; mais bien interprété, l'art 1518 ne laisse aucun doute à ce sujet. La loi déclare en effet, que l'époux qui a obtenu la séparation de corps, conserve, en cas de survie, ses droits au préciput. Donc le mauvais époux est dépouillé de ses droits à la libéralité qui lui a été faite par son conjoint.

Cass., 23 mai 1845 (Sir., 45, I, 321).

Quid, des donations faites en fraude des droits des créanciers ?

7. — L'art. 1167 autorise formellement les créanciers à faire révoquer *tous les actes* que le débiteur peut avoir faits en fraude de leurs droits. En conséquence, toutes les fois qu'un créancier pourra établir que les futurs époux se sont fait, par leur contrat de mariage, une donation préjudiciable à sa créance, cette donation sera annulée lors même que l'époux donataire aurait été complètement étranger à la fraude.

Quid, des donations faites par un commerçant ?

8. — Les donations faites par un mari commerçant ne sont réellement à l'abri de tout danger que lorsqu'elles sont suivies de délivrance. En effet, tant que les avantages matrimoniaux sont à exercer, ils tombent sous l'application de l'art. 564 du code de commerce, qui est ainsi conçu : « La femme dont le mari était commerçant à l'époque de la célébration du mariage, ou dont le mari, n'ayant pas alors d'autre profession déterminée, sera devenu commerçant dans l'année qui suivra cette célébration, ne pourra exercer dans la faillite aucune action à raison des avantages portés au contrat de mariage; et, dans ce cas, les créanciers pourront, de leur côté, se prévaloir des avantages faits par la femme au mari dans ce même contrat. »

II. — Donations de biens présents. — Les donation de biens présents faites par contrat de mariage sont essentiellement irrévocables; elles transmettent au donataire un droit actuel et définitif sur les biens donnés ; de telle sorte, que s'il arrivait que le donataire mourût avant le donateur, contrairement à ce qui se pratiquait autrefois dans les pays de droit écrit, celui-ci ne reprendrait pas les biens dont il s'est dessaisi. (Art. 1092).

Toutefois, il est permis aux futurs époux de modifier, à cet égard, les dispositions de la loi en stipulant expressément la condition suspensive ou résolutoire, selon que le donateur voudra soumettre l'effet de sa donation à la survie du donataire, ou qu'il voudra anéantir cet effet par le prédécès de ce même donataire.

Ainsi, il y aura condition suspensive dans le sens de l'art. 1168, si la donation est stipulée en ces termes : Je vous donne 5,000 fr. à prendre sur mon patrimoine, lors de l'ouverture de ma succession, si vous me survivez.

Mais si je dis: Je vous donne 5,000 fr. à la condition qu'ils me seront rendus si vous mourez avant moi, la condition est résolutoire, et elle tombe sous l'application de l'art. 1183.

1. — On doit entendre par biens présents, non-seulement les choses qui sont livrées au moment même de la donation, mais encore celles sur lesquelles la donation confère un droit certain et actuel, c'est-à-dire un droit de créance.

Ainsi, la donation d'une somme d'argent payable après le décès de l'époux donateur, est une donation de biens présents, si cette somme se doit prendre sur les biens actuels du donateur. C'est là une donation qui rend le donataire créancier dès à présent, ou si l'on aime mieux, une donation actuelle sous la seule réserve de la jouissance de la chose donnée.

Il en serait, sans doute, autrement, si la donation avait pour objet une somme d'argent à prendre sur les biens que le donateur laissera à son décès. Nous serions ici en présence d'une donation de biens à venir, d'une donation qui ne confère au donateur rien autre chose qu'une sim-

Les donations de biens présents entre futurs époux, sont-elles censées faites sous la condition de la survie du donataire ?

Comment, doit s'entendre l'expression : biens présents ?

ple espérance entièrement subordonnée au caprice du donateur. Il est d'évidence, en effet, que si le donateur dissipait son patrimoine, s'il décédait insolvable, le donataire resterait avec les mains vides (1).

(1) La question de savoir si l'époux donataire par contrat de mariage, de l'usufruit des biens que laissera à son décès son conjoint donateur, peut, du vivant de celui-ci, renoncer valablement au bénéfice de la donation, est vivement controversée.

Tout le monde reconnaît que la renonciation pure et simple par l'un des époux, pendant le mariage, à l'institution contractuelle faite à son profit par son conjoint, est prohibée par la loi; mais les esprits se divisent lorsque la renonciation est faite *in favorem* pour profiter à l'un des enfants communs.

D'une part, on soutient que la renonciation à l'institution contractuelle est nulle parce qu'elle viole : 1° l'art. 1395 qui défend de modifier, après célébration, les conventions matrimoniales; et 2° les art. 791-1130 qui interdisent toute spéculation sur les droits éventuels qu'on peut avoir à une succession non encore ouverte.

Dalloz, 2e éd. Vo cont. de Mar., n° 320; Troplong, nos 2546 et suiv. et 2355.

Civ. rej. 29 juill. 1818; 9 nov. 1824; Toulouse, 7 mai 1829; 15 avr. 1842; Pau, 9 janv. 1838; Rennes, 1er mars 1849. D. A. 10, 174, n° 6, 175; D. P. 30, 2, 262; 42, 2, 229; 39, 2, 219; 51, 2, 238.

D'autre part, on prétend que, transporter le droit qui résulte d'une convention, ce n'est pas changer cette convention ; car l'institué qui transmet à un tiers le bénéfice de l'institution, fait acte de propriétaire, il exerce les droits attachés à sa qualité; mais il n'apporte nullement à la clause du contrat, la dérogation prohibée par la loi.

Plasman, des contre-lettres, 2e éd., p. 115 ; Benech, quot. disp. entre époux, p. 418 et suiv..

Civ. rej. 18 avril 1812; Req., 16 juill. 1849. D. A. 6, 803; D. P. 49, 1, 304.

Cette dernière doctrine ne nous paraît pas soutenable. Nous admettons volontiers que, investi d'un droit certain et actuel, l'institué puisse pactiser sur ce droit de la même manière qu'il pourrait le faire sur toute autre chose dont il serait déjà en possession.

Mais, autre chose, c'est *aliéner* un droit garanti par les biens présents, et, autre chose, c'est *stipuler* sur un droit éventuel à une chose future, sur un droit qui a une analogie parfaite avec le droit d'héritier. Celui qui renonce à un droit actuel, exerce, en effet, son droit de propriétaire, et confirme plutôt qu'il ne détruit la donation; tandis que celui qui renonce à un droit qui ne porte que sur des biens à venir, viole formellement les art. 791-1130, parce qu'il stipule sur des droits éventuels à une succession non encore ouverte. Il viole également l'art. 1395, parce qu'il renonce à un

Mais, que décider, lorsque la donation est faite sous une condition résolutoire?

Il est clair que, dans l'espèce, le donataire ne devient pas *statim*, propriétaire définitif des biens donnés, puisque s'il y a résolution, la donation s'évanouit complètement : mais il n'en a pas moins un droit actuel sur ces biens; car, si par contre, la résolution n'a pas lieu, l'effet de la donation remonte évidemment à la date du contrat. Il en est d'autant plus ainsi, qu'une fois donnés sous la condition résolutoire, les biens ne peuvent plus être aliénés à titre onéreux, par le donateur, qu'affectés de cette même condition.

2. — Lorsque la donation de biens présents a pour objet des valeurs mobilières, elle doit, sous peine de nullité,

Est-il nécessaire que la donation de biens meubles soit accompagnée d'un état estimatif et détaillé?

droit dont il ne connaît pas encore l'importance, et qu'il fait disparaître les chances de bien-être, plus ou moins certaines, il est vrai, mais parfaitement réalisables et solennellement établies dans le contrat.

Et maintenant examinons si, dans notre espèce, le donataire est investi d'un droit actuel et certain, d'un droit de créancier, ou d'un droit purement éventuel. Investi d'un droit actuel, il pourra aliéner, il pourra renoncer; mais investi d'un droit éventuel, toute stipulation sur ce droit lui est interdite.

Or, nous le demandons, quoi de plus incertain, quoi de plus éminemment éventuel qu'un usufruit sur les biens d'une succession non encore ouverte?

Le donateur ne peut-il pas dissiper de son vivant, *ex merâ voluntate*, son entier patrimoine, et ne rien laisser à son décès?

Et s'il en est ainsi, l'institué est-il autre chose qu'un donataire *loco hæredis?* En d'autres termes, possède-t-il actuellement autre chose qu'un droit à une simple espérance, absolument semblable à celui d'un légataire testamentaire?

Poser de telles questions, c'est les résoudre, c'est prévenir toute objection nouvelle.

Il nous reste à faire observer ici que lorsque la renonciation a pour objet un droit actuel et certain, il ne suffit pas d'y renoncer purement et simplement : l'aliénation de ce droit, si elle est faite à titre gratuit, constitue une donation ordinaire, et, comme celle-ci, elle doit par conséquent, pour être valable, être faite par acte authentique, et expressément acceptée par le nouveau donataire.

N. B. — Nous avons jugé utile de traiter ici cette question, attendu qu'elle se présente fort souvent dans la pratique.

être accompagnée d'un état estimatif (1) contenant une énonciation précise et détaillée des meubles, des créances et des droits sur lesquels porte la donation. (Art. 948).

Par l'art. 948, le législateur se propose un double but :

1° Rendre la donation stable par la constatation de l'espèce et de la valeur des objets donnés ;

2° Assurer ainsi l'exercice des droits éventuels dont la donation se trouve grevée.

Ainsi, serait nulle, par exemple, la clause par laquelle on ferait donation de ses créances si l'on n'indiquait en même temps les titres sur lesquels elles reposent. Une pareille énonciation serait, en effet, très vague, et par suite absolument contraire aux dispositions de la loi.

Il a été jugé néanmoins que, si des indications claires et précises, à l'égard de ces créances, étaient établies dans un acte authentique, cet acte serait-il antérieur et même étranger à la donation, un nouveau détail cesserait d'être nécessaire. Si l'acte auquel on se réfère est de nature à fixer, d'une manière exacte et invariable, la consistance et la valeur des objets donnés, le vœu de la loi est satisfait.

Troplong, N° 1241 ; Demolombe, N° 362.

Limoges, 28 nov. 1826 (Dalloz, 29, 2, 84) ;

---

(1) A moins que l'état ne soit établi dans le corps de l'acte de donation, il faut qu'il soit signé du donateur et du donataire ou de ceux qui acceptent pour ce dernier, et qu'il soit annexé à la donation. (Troplong, n° 1231).

Si les parties ne savent pas signer, l'état doit être fait en la forme authentique. (Marcadé, sur l'art. 948, n° 2).

Nous ferons remarquer que, dans tous les cas, la description et l'estimation doivent être faites article par article. L'estimation faite en bloc après l'énumération détaillée des objets ne remplirait pas le vœu de la loi.

Cependant, s'il s'agissait de choses indivisibles, comme un ouvrage composé de plusieurs volumes, ou une collection de médailles, le détail des articles serait toujours indispensable, mais l'estimation pourrait être énoncée en bloc.

Troplong, n° 1240.

S'il y avait omission de description ou d'estimation pour quelques objets, la nullité ne porterait que sur les articles non décrits ou non estimés.

Disons enfin que si la donation a pour objet des créances, il est indispensable qu'elle soit signifiée au débiteur, sinon elle ne serait point opposable aux tiers. (Art. 1690).

Cass., 11 juil. 1831 (J. N., N° 7345);

Bordeaux, 19 juil. 1853 (D. P. 54, 2, 61);

Cass., 11 avril 1854 (D. P. 54, 1, 246);

Contra, Vazeille, art. 948, N° 2; Coin-Delisle, art. 948, N° 19; Marcadé, art. 948, N° 1; Saintespès-Lescot, N° 800.

La plupart des auteurs reconnaissent que l'art. 948 est applicable aux donations d'une quote-part des biens présents du donateur, comme aux donations de meubles certains et déterminés. Mais, d'un autre côté, ils enseignent avec raison que l'art. 948 ne saurait être applicable à la donation qui a pour objet des droits dans une succession ou dans une communauté non encore liquidée.

De ce qu'il serait impossible, dans bien des cas, de déterminer la nature, la consistance et la valeur de ces droits, il suit qu'exiger, dans l'espèce, un état estimatif, ce serait empêcher, sans utilité aucune, la libre disposition de ces mêmes droits. Nous disons sans utilité aucune, car il est incontestable que quoique non encore liquidés, ces droits ne sont pas moins certains et invariables, puisqu'il ne dépend plus de personne d'en diminuer l'émolument.

Vazeille, art. 948, N° 5; Troplong, N° 1247; Bayle-Mouillard sur Grenier, N° 169, note B; Zachariæ, Massé et Vergé, t. III, p. 76; Demolombe, N° 348.

Bordeaux, 19 juillet 1853 (D. P. 54, 2, 61);

Cass., 11 avril 1854 (D. P. 54, 1, 246).

Remarquons en tout cas que lorsque l'état estimatif est nécessaire, comme il a pour but de donner de la fixité à la donation, il faut nécessairement qu'il soit fait avant ou en même temps que la donation; s'il était fait ultérieurement, la donation serait nulle.

Troplong, N° 1242; Demalombe, N° 360.

L'art. 948 n'étant pas applicable aux donations de biens immeubles, il n'est point nécessaire, pour que la donation d'une maison comprenne valablement tous les meubles réputés immeubles par destination, qu'il soit dressé un état estimatif et détaillé de ces meubles (art. 524, 525). A moins de stipulation contraire, les accessoires mobiliers d'un immeuble, font partie intégrante de cet immeuble dont ils suivent toujours le sort (art. 2118). Toutefois, « la prudence, dit M. Demolombe (N° 349), conseille de faire un état de ces meubles, sinon pour la validité de la donation, du moins pour la plus grande garantie du donataire, surtout si le donateur s'est réservé l'usufruit. » L'art. 950 porte, en effet, que, à l'expiration de l'usufruit, le donataire aura action contre le donateur ou ses héritiers, pour raison des objets non existants.

Or, comment faire valoir ses droits sur les objets manquants, si la donation n'a été accompagnée d'aucun état estimatif?...

Il va sans dire, toutefois, que si les immeubles par destination étaient donnés pour être séparés de l'immeuble dont ils font partie, ils deviendraient meubles ordinaires, et, comme tels, ils tomberaient nécessairement sous l'application des dispositions de l'art. 948.

Demolombe, N° 350.

Est-il nécessaire de faire transcrire aux hypothèques la donation de biens immeubles ?

3. — Si la donation a pour objet des biens immeubles (1), elle doit être soumise à la formalité de la transcription, sinon le donataire ne serait point recevable à l'opposer aux tiers.

La transcription a lieu au bureau des hypothèques dans l'arrondissement duquel les biens sont situés ; et dans le cas où les biens seraient situés dans différents arrondissements, la transcription devra être faite dans chacun de ces arrondissements. (Art. 939).

La loi ne détermine pas le délai dans lequel la transcription doit être requise ; cette formalité peut donc être remplie à toute époque, sauf au donataire à subir les conséquences du retard.

(1) Les institutions contractuelles ne transférant pas la propriété actuellement, ne sont pas susceptibles de transcription. Il en est de même des donations de biens présents et à venir cumulativement, auxquelles n'a pas été annexé l'état des dettes prescrit par l'art. 1084 ; mais quand l'état y est annexé, ces donations doivent être transcrites, car, si au décès du donateur, le donataire optait pour les biens présents, l'effet de la donation remonterait au jour de sa date (*Comp. infra.*, n° IV).

III. DONATIONS DE BIENS A VENIR. — Les dispositions de l'art. 1082, relatives aux donations par contrat de mariage faites aux futurs époux par des tiers, sont également applicables aux donations de même nature faites entre futurs époux.

Ainsi, les donations de biens à venir, faites par contrat de mariage, ne confèrent à l'époux donataire aucun droit actuel sur les biens du donateur ; de sorte que celui-ci conserve toujours la faculté d'en disposer librement, mais à titre onéreux seulement, et sans fraude.

Ces donations ne sont irrévocables qu'en cela seulement que le donateur ne peut plus disposer à titre gratuit des objets compris dans sa donation, si ce n'est pour sommes modiques. (Art. 1083).

Remarquons, toutefois, que lorsqu'elles sont faites par des tiers, ces donations étant réputées faites aussi bien en faveur des futurs époux que de leurs descendants, profitent en cas de prédécès du donataire, aux enfants ou descendants de ceux-ci ; tandis que celles que les futurs époux se font entre eux, n'étant pas transmissibles aux enfants issus du mariage, deviennent, comme les testaments, caduques par le prédécès de l'époux donataire. (Art. 1093).

Une autre différence distingue ces deux sortes de donations : c'est que, contrairement à ce qui est établi pour les donations faites par des tiers, celles faites entre futurs époux ne sont pas révocables pour cause de survenance d'enfants (Art. 960).

1. — L'art. 1093 dispose que la donation de biens à venir faite entre époux, par contrat de mariage, *n'est point transmissible aux enfants* issus du mariage, en cas de décès de l'époux donataire avant l'époux donateur.

Il eût été peu sage, en effet, d'appeler les enfants à bénéficier de la donation, à défaut de leur auteur prédécédé. Car, supprimer, en pareil cas, la caducité de la donation, c'eût été enlever, au donateur survivant, le moyen de récompenser ou de punir ultérieurement ses enfants, et par suite, c'eût été porter une grave atteinte au prestige de son autorité dans la famille.

En quoi la donation de biens à venir faite par un tiers aux futurs époux, diffère-t-elle de semblable donation que les futurs se feraient entre-eux ?

Peut-on étendre le bénéfice de la donation de biens à venir aux enfants à naître du mariage ?

Ces dispositions de la loi qui sont applicables au cas où la donation est faite par l'époux à son conjoint, sont-elles également applicables au cas où, en prévision du prédécès du donataire, le conjoint donateur aurait formellement déclaré appeler éventuellement, au bénéfice de la donation, les enfants à naître du mariage ?

La loi ne s'explique pas catégoriquement à cet égard ; mais, à notre avis, ce serait une grave erreur de croire que le bénéfice de la donation de biens à venir peut s'étendre aux enfants en espérance : l'art. 906, en effet, pose comme règle générale que, pour recevoir entre-vifs, il faut être conçu au moment de la donation. Or, cette règle ne recevant d'exception que pour les donations faites aux futurs époux par des tiers (art. 1082), se trouve nécessairement applicable à toutes les autres classes de donations, et par conséquent aux donations qui sont faites par un époux à son conjoint.

Sic, Delvincourt (chap. VI, sect. 1, alin. 1, note) ; Coin-Delisle, n° 4 ; Marcadé, sur l'art. 1093, 1; Troplong, n° 2539.

Contra, Duranton, t. IX, n° 759 ; Zachariæ, t. V, p. 540.

IV. — DONATIONS DE BIENS PRÉSENTS ET A VENIR CUMULATIVEMENT. — Nous avons dit sous le n° III que la donation de biens à venir ne transmet au donataire aucun droit actuel sur les biens du donateur ; qu'elle laisse à celui-ci, la faculté de disposer librement de tous ses biens, si ce n'est à titre gratuit ; qu'enfin elle est caduque par le prédécès du conjoint donataire.

Quelle différence fait-on entre la donation de biens à venir, et la donation de biens présents et à venir cumulativement ?

Or, la donation de biens présents et à venir cumulativement, ne diffère de la donation de biens à venir pure et simple que parce qu'elle confère au donataire la faculté, lors du décès du donateur, ou de prendre les biens tels qu'ils se trouvent dans la succession, absolument comme dans le cas d'une donation de biens à venir, ou de s'en tenir aux biens qui existaient au moment de la donation, en renonçant au surplus des biens du donateur.(Art. 1084).

« La donation de biens présents et à venir, dit Marcadé, sur l'art. 1084, n° 2, est une donation de biens à venir ; et

quand le donataire, au décès du donateur, l'accepte en entier, elle demeure donation de biens à venir. Donc, dans
ce cas, le donataire est tenu de respecter les aliénations
quelconques que le donateur a pu faire à titre onéreux, et
de se contenter de ce qui reste des biens; il ne peut que
critiquer les aliénations gratuites autres que celles qui auraient pour objet des choses particulières et d'une valeur
modique. (Art. 1083). Au contraire, la disposition se transforme en donation ordinaire de biens présents, quand le
donataire, au décès du disposant, déclare s'en tenir à ces
biens présents. Donc, le donataire pourra, dans ce cas,
critiquer les aliénations, même à titre onéreux, que le
donateur aurait faites de ces biens présents, c'est-à-dire
des biens qui existaient au moment où la donation s'est
faite; mais, pourvu, bien entendu, qu'il ait eu soin de
faire transcrire sa donation, car la nécessité de la transcription est une conséquence de ce que la donation est
alors donation de biens présents. (Art. 939 et suiv.). »

Ainsi, l'époux donateur doit rester en possession de tous
ses biens, et s'il fait des aliénations à titre onéreux, elles
demeurent incertaines jusqu'au moment de son décès.
Car ,jusque-là, le donataire conserve le droit de prendre les
biens qui se trouvent dans la succession, ou de s'en tenir
à ceux que le donateur possédait à l'époque de la donation.

Remarquons, toutefois, que si le donataire (1) mourait
avant le donateur, la donation deviendrait caducque, et les
aliénations seraient ainsi parfaitement validées.

Troplong, n° 2393.

1. — Si la donation de biens présents et à venir n'était
pas accompagnée d'un état estimatif et détaillé du mobi-
lier que possède actuellement le donateur (2), elle resterait, quant aux meubles, donation de biens à venir pure
et simple.

Est-il nécessaire
que l'état du mo-
bilier et l'état des
dettes soient an-
nexés à la donation
de biens présents et
à venir?

---

(1) Les enfants que laisserait l'époux donataire ne suspendraient pas la
caducité de la donation. (Art. 1093).

(2) Voir pour la validité de cet état ce qui a été dit sous le n° II—2.

Si c'est l'état détaillé des dettes et charges (une déclaration indiquant le montant total ne suffirait pas) qui n'aurait pas été annexé à la donation, la libéralité entière (mobilière et immobilière) ne vaudrait plus que comme institution contractuelle, c'est-à-dire, que comme donation de biens à venir ; et cela, lors même que le donataire serait entré en jouissance (1) des biens dès le jour de la donation. (Art. 1084-1085).

De ce que la donation cumulative perdrait son véritable caractère, et deviendrait ainsi une simple donation de biens à venir pour le tout, il suit qu'au décès du donateur le donataire serait obligé d'accepter, ou de répudier la donation tout entière, sans pouvoir profiter de la faculté accordée par les dispositions finales de l'art. 1084 spéciales au cas où la donation de biens présents et à venir est accompagnée d'un état des dettes et charges du donateur.

Quid, lorsque la donation de biens présents et à venir est faite avec faculté de disposer des biens actuellement ?

2. — Mais si la donation de biens présents et à venir était faite avec faculté de disposer actuellement, soit de la pleine propriété, soit de la nue propriété, elle prendrait le caractère de deux donations distinctes dont l'une produisant les effets de la donation de biens présents, et l'autre, ceux de la donation de biens à venir, de la même manière que si les deux donations avaient été faites isolément.

Vazeille sur l'art. 1089, n° 4.

Dès là que le donateur renonce formellement au bénéfice de la caducité prononcée par l'article 1089, en transmettant *hic et nunc*, la faculté de disposer des biens présents, toute éventualité disparaît, et les biens donnés restent irrévocablement dans la main du donataire.

C'est là un point indiscutable ; car la loi ne s'oppose pas à ce qu'on fasse par le même acte une donation de biens présents et une donation de biens à venir.

Quid, lorsque la transmission actuelle ne porte que sur la simple jouissance des biens ?

3. — Mais que décider lorsque dans une donation de

(1) Si le donataire avait été mis en possession des biens avec faculté d'en disposer actuellement à sa volonté, voir ce que nous disons ci-après, questions 2 et 3.

biens présents et à venir, le donateur transmet immédiatement au donataire la jouissance des biens présents?

Autre chose est transmettre la faculté *de disposer* actuellement de la pleine propriété, et autre chose est conférer un simple droit de jouissance.

De ce que le donateur n'investit actuellement le donataire *que de la jouissance*, il résulte naturellement qu'il a entendu laisser subsister la caducité dont la donation est affectée quant à la nue propriété, suivant les dispositions de l'art. 1089.

Toullier, t. 5, n° 857.

Ainsi, la transmission immédiate de la simple jouissance, n'altère en rien le caractère de la disposition. Car, la donation de biens présents et à venir cumulativement ne produit immédiatement les effets de deux donations distinctes, (donation de biens présents, et donation de biens à venir isolément), que tout autant que le donateur confère au donataire, *la faculté de disposer actuellement et irrévocablement* des biens présents. Dans le cas contraire, la donation reste, jusqu'au décès du donateur, donation cumulative, c'est-à-dire caduque par le prédécès du donataire.

Cette doctrine étant parfaitement applicable aux matières d'enregistrement, il y a lieu de reconnaître que toutes les fois qu'il sera stipulé que le donataire entrera de suite en jouissance ou qu'il pourra disposer de la propriété des biens présents, le droit proportionnel sera dû soit *comme donation d'usufruit*, sur le capital au denier dix du revenu des biens présents, soit *comme donation de propriété*, sur la valeur entière.

(Avis du conseil d'état du 22 déc. 1809; inst. gén. N° 1307, § 4; Garnier, rép. gén., N° 3905; J. N., art. 1450 et 9860).

V. cependant, M. Demante (*Principes de l'enregistrement,* t. H, p. 573, N° 613); J. E. (art. 11629, 11883,

14. — DONATIONS FAITES SOUS DES CONDITIONS POTESTATIVES.
Les donations faites sous des conditions potestatives

Qu'entend-on par donations faites sous des conditions potestatives?

sont celles dont l'exécution dépend absolument de la volonté du donateur.

La maxime « *donner et retenir ne vaut* » étant contraire au principe de l'irrévocabilité des donations entre-vifs, les donations dont l'exécution dépend *ex merd volontate donatoris* sont prohibées par l'art. 944. Toutefois, les dispositions de cet article du code ne sont pas applicables aux donations faites par contrat de mariage. C'est ce qui résulte clairement des art. 947, 1086 et 1091.

Ainsi, il est permis aux futurs époux de soumettre toutes les donations qu'ils peuvent se faire par contrat de mariage (donation de biens présents, de biens à venir, et de biens présents et à venir cumulativement), à des conditions potestatives de la part du donateur.

Les donations faites sous des conditions potestatives sont-elles caduques par le prédécès du donataire ?

1. — La rédaction vicieuse de l'art. 1089 semble faire croire que les donations faites sous des conditions potestatives sont toutes caduques si le donateur survit à l'époux donataire. Mais il n'en est pas ainsi : la caducité ne saurait atteindre la donation qui investit actuellement, elle atteint simplement la donation qui ne se réalise pas, la donation qui avorte.

Ainsi, Paul donne à sa femme son château s'il se trouve encore dans son patrimoine quand il mourra. C'est là une donation de biens à venir qui ne saisit le donataire que par le décès du donateur ; car, jusque-là on ne sait pas s'il y a ou non donation. Donc, si le donataire meurt avant le donateur, la donation est caduque.

Il en sera de même si Paul donne à sa femme ses biens présents et à venir cumulativement. En effet, nous avons vu sous le N° IV que la donation cumulative ne peut être transformée en donation de biens présents, qu'après le décès du donateur. Donc, jusque-là elle reste donation de biens à venir pure et simple.

Mais il en est autrement pour les donations de biens présents, et cela sans distinction du cas où la condition potestative est résolutoire d'avec celui où elle est suspensive.

Dès là que la donation a pour objet des biens présents,

le droit s'ouvre immédiatement, et le donataire reste propriétaire tant que la disposition n'est pas rapportée.

Ainsi, Paul donne à sa femme son château; mais, il
se réserve la faculté d'en disposer sa vie durant.

Que Paul décède avant ou après sa femme, s'il n'a pas
usé de la faculté qu'il s'était réservée, le château appartiendra à la donataire ou à ses héritiers.

Il est vrai qu'en tout état de chose, le donateur peut, sa
vie durant, anéantir la donation ; mais si la donation est
maintenue, elle produit son effet *ab initio*. C'est là le cas
prévu par les dispositions finales de l'art. 1086.

En vain objecterait-on que l'art. 1089 déclare caduques
les donations qui sont faites dans les termes de l'art. 1086,
si le donateur survit au donataire. Ce n'est pas toujours et
dans tous les cas que les donations sous conditions potestatives sont caduques : l'art. 1086 dit formellement que si le
donateur meurt sans avoir disposé de l'effet réservé, cet
effet sera censé compris dans la donation, et appartiendra
au donataire ou à ses héritiers. Cette interprétation de
l'art. 1086 nous paraît d'autant plus indiscutable qu'elle est
fortifiée par les dispositions claires et précises des art.
1092-1093, d'après lesquelles il n'y a que les donations de
biens à venir, et de biens présents et à venir cumulativement, qui ne soient pas transmissibles aux héritiers du
donataire. La donation de biens présents, au contraire,
n'est point censée faite sous la condition de survie du donataire, le législateur s'en explique expressément. Donc il
est évident que le législateur a entendu mettre à l'abri de
la caducité, toute donation de biens présents quelle qu'elle
puisse être.

2.—Remarquons, néanmoins, qu'il ne faut pas confondre
le cas où le donateur se réserve le droit de disposer de
l'objet donné, avec le cas où il entend exclure de la donation, l'objet réservé.

L'art. 1086 n'est applicable qu'au cas où l'objet réservé,
n'est pas retranché de la donation. Il est évident, en effet,
que celui qui donne tous ses immeubles, par exemple, en
se réservant son château, exclut de la donation ce château,

Quelle différence
fait-on entre la
réserve du droit de
disposer d'un objet,
et la réserve de
l'objet même ?

lequel n'est pas donné et reste ainsi dans la succession du donateur. Tandis que celui qui donne tous ses immeubles en se réservant de disposer de l'un deux, entend que cet immeuble reste dans la donation s'il n'en dispose pas autrement.

Comme on le voit, la distinction est extrêmement claire en principe; mais elle peut, dans la pratique, présenter des difficultés sérieuses : supposons que Paul donne sa maison sous la réserve de disposer d'une somme de 2,000 francs à prendre sur l'immeuble donné. Y a-t-il ici réserve de disposer de 2,000 fr. ou réserve des 2,000 fr. eux-mêmes? C'est là une question d'interprétation qui ne peut être tranchée que par les tribunaux. On ne saurait donc, dans les donations avec réserve, prendre trop de précautions pour éviter les clauses qui peuvent donner lieu à des controverses.

Le donataire peut-il, après la mort du donateur, renoncer à la donation de biens présents ?

3. — Il nous reste à examiner si, après avoir accepté la donation, et même après s'être immiscé, le donataire de biens présents a le droit de renoncer, plus tard, au bénéfice de la donation.

Il est clair que dans les donations ordinaires la renonciation n'est pas permise. En effet, si Paul donne sa maison à la charge par le donataire de payer une somme déterminée à son créancier, une fois acceptée cette donation constitue un engagement réciproque, un pacte qui lie irrévocablement aussi bien le donataire que le donateur. Mais en matière de donation sous des conditions potestatives, de donations dont les charges sont indéterminées, la question change complètement : la loi fait ici une dérogation au droit commun, et laisse au donataire la faculté de répudier la donation, s'il n'aime mieux accomplir la condition qui s'y rattache. Ainsi, supposons que Paul donne sa maison à la charge de payer les dettes qu'il aura à son décès; Comme ce n'est qu'à la mort du donateur que le donataire pourra savoir s'il a ou non intérêt à renoncer à la donation, nul ne peut lui contester le droit de répudier la donation après la mort du donateur, car ce n'est qu'à ce moment-là seulement que les éventualités cessent et que le montant des dettes peut être défini.

VI. — Donations déguisées ou faites a personnes interposées. — En ce qui concerne ces sortes de libéralités, voir les développements consignés sous le § IV.

VII. — Mariage contracté en pays étranger. — En matière de mariage, c'est le domicile du mari qui règle les effets civils du contrat.

Ainsi, le mariage qu'un français contracterait en pays étranger, sans conventions matrimoniales, serait soumis aux règles de la communauté légale établies par le code Napoléon.

Req. 21 fév. 1855 (D. P. 55, 1, 75).

Toutefois, les immeubles suivent toujours, quant aux droits de propriété des époux, la législation du pays où ils sont situés.

Metz, 9 juin 1852 (D. P. 52, 2, 189).

Le mariage qu'un français contracte en pays étranger avec une étrangère est-il régi par la loi française?

§ II.

Des Donations entre époux pendant le cours du mariage.

VIII. — Dispositions générales. — Les libéralités que les époux peuvent se faire, pendant le mariage, sont régies par l'art. 1096 compris dans le chap. IX du code Napoléon. Or, comme l'art. 947 excepte, des prohibitions contenues dans les art. 913 à 946, les donations mentionnées aux chap. VIII et IX, il s'en suit que, de même que les donations entre futurs époux faites par contrat de mariage, celles faites entre époux au cours du mariage, peuvent être :

Quelles sont les libéralités autorisées entre époux pendant le mariage?

1° De biens présents ;

2° De biens à venir ;

3° De biens présents et à venir cumulativement ;

4° De biens donnés sous des conditions potestatives.

1. — Néanmoins, quoique qualifiées entre-vifs, ces donations sont toujours révocables par la simple volonté du donateur ,(Art. 1096). C'est là le principe caractérisque qui distingue les donations entre époux faites pendant le mariage, de toutes les autres classes de donations entre-vifs.

On conçoit, en effet, que plus particulièrement exposées à être le résultat d'insinuations artificieuses, le législateur devait les mettre à l'abri de toutes les entreprises maritales, en laissant au donateur la faculté d'anéantir sa libéralité. Cependant, elles ne sont pas révoquées de plein droit par le fait de la survenance d'enfants,(Art. 1096). Ces donations étant toujours révocables au gré du disposant, la révocation légale n'aurait aucune raison d'être. Il va sans dire, néanmoins, que si la libéralité excédait la quotité disponible, elle subirait le retranchement voulu par la loi.

2. — De ce que l'art. 1096 accorde au donateur le droit de révoquer sa donation jusqu'à sa mort, la plupart des auteurs décident avec Pothier *(Des Donn. entre mari et femme*, chap. I., art. 1, nº 6) que, toute donation entre époux pendant le mariage est une donation à cause de mort, autrement dit, une sorte de libéralité testamentaire.

Sans doute, la donation est révocable. Mais qu'est-ce à dire? Les donations ordinaires ne sont-elles pas également révocables dans certains cas? Ce n'est donc pas là un motif suffisant pour attribuer aux donations entre époux pendant le mariage, le caractère des dispositions testamentaires.

Ces donations ont dans leurs effets, il est vrai, une certaine analogie soit avec la donation ordinaire, soit avec le testament ; mais elles sont de l'essence des actes entre-vifs. La donation entre époux, dit M. Troplong (nº 2640), n'est ni une donation entre-vifs proprement dite, ni une libéralité à cause de mort dans la pureté des principes ; mais elle est un mélange des deux.

En conséquence, nous admettrons avec le savant jurisconsulte que les donations entre conjoints faites au cours du mariage présentent un caractère mixte, qui participe des libéralités entre-vifs et des libéralités testamentaires, et que, par suite, sans adopter de système particulier, on doit résoudre les différentes questions qui s'y rattachent, par les analogies qu'elles peuvent avoir, suivant les cas, avec les règles spéciales soit aux dispositions entre-vifs, soit aux dispositions testamentaires. (Troplong, n° 2644).

Quelle est la capacité requise de l'époux qui dispose en faveur de son conjoint?

3. — Cette théorie établie, examinons d'abord les questions qui se rapportent à la capacité de donner, et de recevoir.

1° Du mineur. — L'art. 904 est ainsi conçu : « Le mineur parvenu à l'âge de seize ans ne pourra disposer que par testament, etc. »

Ainsi, la loi refuse au mineur le droit de disposer par donation. Donc sa capacité se trouve limitée aux dispositions testamentaires.

Il est vrai que les donations entre époux, notamment quand elles ont pour objet des biens à venir, ont une grande ressemblance avec les dispositions testamentaires, puisque les unes comme les autres ne sortent à effet que par le décès du disposant. Mais de ce que la donation entre époux n'est pas un testament proprement dit, et de ce que l'art. 904 ne donne de capacité au mineur que pour faire un testament, il faut conclure que le mineur n'a point qualité pour disposer par donation.

Cass. 12 avril 1843 (Devill. 43, 1, 273).

Toullier, t. V, n° 925; Duranton, t. VIII, n° 184; Coin-Delisle, sur l'art. 1096, n° 9; Zachariæ, t. V, p. 550; Troplong, n° 2645.

Contra, Delvincourt, t. II, p. 197; Vazeille, sur l'art. 904, n° 2.

2° De la femme mariée sous le régime dotal. — La femme qui n'a pas qualité pour disposer de ses biens dotaux, par acte entre-vifs, peut néanmoins donner ses biens à son conjoint, par un acte de donation.

En prohibant la donation des biens dotaux, le législateur n'a évidemment eu en vue que les donations qui dépouillent effectivement et irrévocablement. Or, la donation entre époux ne devenant définitive que par le décès du donateur, elle ne produit à l'égard des biens donnés, d'autres effets que ceux des dispositions testamentaires.

En conséquence, prétendre que la femme n'a pas le droit d'aliéner en faveur de son mari le fonds dotal, au moyen d'une donation, ce serait méconnaître complètement le but de la loi.

Cass., 1er déc. 1824 (Deville, 27, 1, 574).

Troplong, n° 2647.

Contra, Demolombe, *Revue crit. de Jurisp.*, 1851, p. 418 et suiv.

3° DE L'ÉPOUX CONDAMNÉ A UNE PEINE AFFLICTIVE PERPÉTUELLE. — L'époux qui est frappé d'une peine afflictive perpétuelle ne peut disposer de ses biens, soit par donation entre-vifs, soit par testament, ni recevoir à ce titre, si ce n'est pour cause d'aliments. En un mot, il est mort aux yeux de la loi. (Art. 25). Il est vrai que la mort civile a été abolie par la loi du 31 mai 1854, mais, par son article 3, cette loi n'en a pas moins maintenu l'incapacité de donner et de recevoir à titre gratuit.

A quelle époque faut-il rechercher la capacité du donateur ?

4. — Occupons-nous maintenant de l'époque à considérer relativement à la capacité de l'époux donateur.

Si la libéralité est testamentaire, il faut, pour qu'elle soit valable, que le testateur ait été en état de capacité au moment de la confection du testament, et à l'époque de sa mort.

Si la libéralité est faite par acte entre-vifs, le donateur doit être capable de disposer au moment de la donation, et à celui de l'acceptation.

On conçoit facilement, en effet, que de même que le testament n'est définitif qu'au décès du testateur, la donation ne doit avoir d'effet à l'égard du donateur, que du jour où l'acte d'acceptation lui a été notifié. (Art. 932).

Ces deux règles étant posées, laquelle doit-on appliquer aux donations entre époux faites pendant le mariage ?

De ce que la donation entre époux ne devient définitive que par le décès du donateur, il semble, au premier abord, qu'il serait logique de la soumettre à la règle qui gouverne les dispositions testamentaires. Cependant, si on envisage la question au point de vue de la morale et de l'équité, on reconnaît facilement qu'il y aurait rigueur extrême à priver l'époux donataire du bénéfice d'une libéralité dont rien ne pouvait d'ailleurs faire supposer la révocation.

Cette manière d'envisager la chose nous paraît d'autant plus rationnelle que les graves raisons qui ont déterminé le législateur à affecter de la révocabilité les donations entre époux, perdent considérablement de leur importance lorsqu'il s'agit d'un époux qui, s'il vit encore au fond d'un bagne ou dans la démence, n'en est pas moins mort à l'égard de la société.

Grenier, n° 453, t. IV, p. 450; Toullier, n° 920, 921 ;

Delvincourt, t. II, p. 449 ; Zachariæ, t. V, p. 550 ; Troplong, n° 2649.

Contra, Duranton, n° 778.

IX. — Donations de biens présents. — Si la donation a pour objet des biens présents, elle produit tous les effets de la donation ordinaire qui serait faite par un tiers, sauf qu'elle est révocable par le donateur.

Quelles sont les règles qui régissent les donations de biens présents?

Ainsi, sauf la révocabilité à laquelle sont soumises toutes les donations entre époux faites pendant le cours du mariage, les règles qui régissent les donations de biens présents faites pendant le mariage par un époux à son conjoint, sont absolument les mêmes que celles qui gouvernent les donations ordinaires de biens présents.

Voici, d'ailleurs, quelles sont ces règles :

1° La donation doit être faite par acte notarié dans la forme prescrite par l'art 931 ;

2° Elle doit être acceptée par le donataire. (Art. 932);

3° Si elle comprend des biens meubles, elle doit être accompagnée de l'état estimatif et détaillé prescrit par l'art. 948;

4° Si elle comprend des immeubles, elle doit être soumise à la formalité de la transcription (1) ;

_____

(1) La transcription est utile parce qu'elle est un obstacle, soit à la saisie des biens par les créanciers chirographaires du donateur, soit à

5° Enfin, elle ne peut être faite qu'en âge de majorité (1). (Art. 904).

Les donations de biens présents sont-elles caduques par le prédécès de l'époux donataire ?

1. — Comme la donation de biens présents investit immédiatement le donataire, il en résulte que, nonobstant le prédécès de celui-ci, la donation conserve toute sa force, et si le donateur meurt sans avoir révoqué la donation, les biens donnés restent définitivement et irrévocablement aux héritiers du donataire.

En vain objecterait-on qu'on ne peut donner ni persister de donner à quelqu'un qui n'existe plus. Dès lors que la donation saisit actuellement le donataire, le donateur ne conserve plus sur les biens donnés que le seul droit de révocation. Or, si le donateur décède sans avoir usé de ce droit, c'est-à-dire sans avoir repris les biens donnés, il est évident que ces biens restent au donataire ou à ses héritiers qui en sont propriétaires aux termes de la donation et depuis la donation (2).

Boutry, nᵒˢ 378, 393 et suiv. ; Dalloz, Vᵒ disp. entre-vifs et test., nᵒ 2405 ; Troplong, nᵒˢ 2642, 2657, 2659.

Limoges, 1ʳ fév. 1840 (Devill., 40, 2, 241) ;

Cass., 12 avril 1843 (Devill., 43, 1, 273) ;

Cass., 18 juin 1845 (Palais, 45, 11, 112) ;

Toulouse, 26 fév. 1861 (Devill., 61, 2, 327) ;

Contrà, Aix, 21 mars 1832 (Devill., 32, 2, 435).

A quelle époque faut-il rechercher la capacité de l'époux donataire ?

2. — De ce que la donation de biens présents dépouille actuellement l'époux donateur, il suit qu'elle est parfaite du jour de l'acceptation par l'époux donataire. Ainsi, la capacité du donataire est nécessaire au moment de l'acceptation.

Remarquons, d'ailleurs, qu'il est indifférent que le dona-

l'effet des hypothèques légales ou judiciaires qui se produiraient postérieurement à la donation.

Aubry et Rau, t. V, p. 515 ; Demolombe, Revue critique, 1851, p. 405.

(1) V. *supra*, nᵒ VIII-1.

(2) De ce que l'époux donataire qui décède transmet les biens de la succession à ses héritiers, il suit que nonobstant le droit de révocation que le donateur conserve contre ses héritiers, ceux-ci doivent acquitter les droits de mutation par décès. (Granier, *Rép. pér.*, art. 98).

taire devienne plus tard incapable ; car, si la donation est confirmée, elle produit ses effets *ab initio*, c'est-à-dire du jour où le contrat s'est formé.

Troplong, n° 2650.

3. — La donation de biens présents faite entre époux pendant le mariage produisant, sauf la révocabilité dont elle est affectée, tous les effets de la donation ordinaire, comme celle-ci, elle est sujette au droit proportionnel, et par suite, elle doit être enregistrée dans les dix ou quinze jours de sa date, selon que le notaire rédacteur réside ou non dans la localité où se trouve le bureau de l'enregistrement. (Garnier, *Rép. génér.*, n° 4958).

Cependant, il n'en a pas toujours été ainsi. Par son instruction générale du 3 fruct. an XIII, n° 290, § 27, l'administration de l'enregistrement décidait, que les donations entre époux pendant le mariage devaient être rangées dans la classe des donations à cause de mort, passibles du droit fixe.

Plus tard, et par son instruction du 5 juin 1809, n° 432, § 3, elle prescrivait, au contraire que ces donations devaient être soumises aux règles des actes ordinaires, par la raison que le code Napoléon les assujettit aux formes prescrites pour ces mêmes actes.

Cette nouvelle doctrine, qui n'était d'ailleurs pas soutenable, en cela qu'elle n'admettait aucune distinction entre les donations de biens présents, et les donations de biens à venir, fut modifiée par deux délibérations des 16 nov. 1814 et 26 fév. 1833 d'après lesquelles, il n'y avait lieu de percevoir le droit proportionnel, que lorsque la donation accordait au donataire la faculté de disposer ou de jouir immédiatement des biens donnés.

Mais, battu en brèche par de nombreuses décisions judiciaires, ce système, qui était pourtant fort logique, ne put se maintenir debout, et par deux solutions des 17 mai 1833 et 11 fév. 1834, l'administration décida que la règle tracée par l'instruction n° 290 serait désormais seule appliquée à tous les cas.

Telle est encore aujourd'hui la doctrine de l'administra-

Les donations de biens présents sont-elles exemptes de la formalité de l'enregistrement pendant la vie du donateur?

tion. Mais un arrêt de la cour suprême du 31 août 1853 (D. P. 53, 1, 288) décide, que la donation faite par un mari à sa femme, avec faculté de jouir et disposer immédiatement des biens donnés, est une donation entre-vifs passible du droit proportionnel.

Cette décision est très juridique, et nous ne voyons pas pourquoi on ne la prendrait pas pour règle toutes les fois qu'il y a transmission actuelle; car, qu'on le remarque bien, que la faculté de disposer immédiatement soit accordée ou non, le caractère de la donation reste le même. Rien ne peut empêcher le droit de révocation de subsister dans toute sa force jusqu'au décès du donateur, puisque toute renonciation de celui-ci, à cet égard, serait radicalement nulle.

Ce qui donne ouverture au droit proportionnel, c'est la mutation. Or, il y a mutation toutes les fois qu'il y a dessaisissement actuel.

Quelles sont les règles qui régissent les donations de biens à venir ?

X. DONATIONS DE BIENS A VENIR. — La donation ordinaire ne peut pas avoir pour objet des biens à venir parce que la loi veut qu'elle soit irrévocable. Mais l'art. 947 lève pour les libéralités qui sont faites aux époux dans leur contrat de mariage, et pour celles que les époux peuvent se faire l'un à l'autre, soit par contrat de mariage, soit pendant le mariage, la prohibition de disposer des biens à venir par acte entre-vifs.

Il est donc incontestable que les époux sont parfaitement autorisés à se donner autrement que par testament, les biens que le pré-mourant laissera à son décès.

Cass. 5 déc. 1816 (Devill. 5, 1, 257); Rennes, 28 juil. 1824 (Devill. 6, 2, 456).

En conséquence, lorsque pour s'avantager de leurs biens à venir, les conjoints adoptent la forme des actes entre-vifs, la donation devra, pour être valable, être faite par devant notaire, et être acceptée *expressément* par le donataire. Mais, de ce que les biens à venir ne peuvent être déterminés qu'au décès du donateur, la donation est exempte de la formalité de la transcription si elle a pour objet des immeubles, et les parties sont dispensées d'y annexer l'état des meubles, si elle porte sur des objets mobiliers. — (Troplong, n° 2654).

Quels sont les effets que ces donations produisent ?

1. — La donation de biens à venir entre conjoints, ne confère au donataire aucun droit actuel sur les biens du donateur, lequel demeure libre de disposer de ses biens comme il l'entend, sa vie durant. C'est là un point qui place le donataire dans la condition du légataire ; mais, à la différence de celui-ci qui ne peut se faire envoyer en possession du legs, qu'en justifiant de son titre à la justice, le donataire entre, de sa propre autorité et en vertu de son titre même, en possession des biens du donateur, et il a par conséquent droit aux fruits dès le décès.

Cass. 5 avril 1836 (Devill. 37, 1, 35).

De ce que le donataire est saisi des biens *ab origine*, il suit nécessairement que les créanciers du *decujus* ont le droit de l'actionner immédiatement, pour les dettes dont il est tenu.

Les donations de biens à venir sont-elles caduques par le prédécès du donataire ?

2. — Comme nous venons de le dire, dans la donation de biens à venir, le droit du donataire ne s'ouvre qu'au moment du décès du donateur. Or, si le donataire meurt avant le donateur, son droit n'a jamais existé. Il est donc hors de doute que le prédécès du donataire rend la donation complètement caduque.

A quelle époque faut-il rechercher la capacité du conjoint donataire ?

3. — Pour être valable, avons-nous dit ci-dessus, la donation de biens à venir doit être expressément acceptée par le donataire. Nul doute, en conséquence, que la capacité de celui-ci ne soit requise au moment de cette acceptation.

De plus, sa capacité est également nécessaire à l'époque du décès du donateur ; car, c'est à ce moment-là seulement que la transmission s'opère. Or, on ne peut recueillir que si l'on est capable de recevoir.

Zachariæ, t. V, p. 531.

Ces donations sont-elles exemptes de la formalité de l'enregistrement pendant la vie du donateur ?

4. — Il résulte, de ce que nous avons dit sous le n° IX-2, que les donations éventuelles, faites pendant le mariage, ne doivent être soumises à la formalité de l'enregistrement, que dans les trois mois du décès du donateur.

En effet, puisqu'elles produisent les mêmes effets que les testaments, comme eux, elles tombent sous l'application de l'art. 21 de la loi du 22 frimaire an VII.

Voir, au surplus, les développements donnés sous le n° IX-2 rappelé ci-dessus.

Le droit de révocation est-il uniquement personnel au donateur ?

XI. — DE LA RÉVOCATION DES DONATIONS ENTRE ÉPOUX FAITES PENDANT LE MARIAGE. — Les donations entre époux faites pendant le mariage sont, ainsi que nous l'avons établi *supra*, essentiellement révocables ; mais le droit de révocation ne saurait appartenir à d'autres qu'au donateur ; car, lui seul est à même de peser les motifs qui peuvent donner lieu à la révocation. Le droit de révocation étant donc un droit exclusivement attaché à la personne du donateur, ne peut être exercé ni par ses héritiers, ni par ses créanciers.

Limoges 1er fév. 1840 (Devill. 40, 2, 241).

Cependant, si la donation devenait révocable pour cause d'ingratitude ou pour inexécution des conditions, l'action en révocation ne saurait être contestée aux héritiers du donateur (1).

Le donateur conserve-t-il, contre les héritiers du donataire, le droit de révoquer sa donation ?

1. — Le droit de révocation ne peut pas cesser *ipso facto* par le décès du donataire ; car, il est évident que jusque-là, les graves raisons qui ont déterminé le législateur à conserver au donateur le droit de revenir sur sa libéralité, continuent de subsister. Ainsi, les héritiers du donataire reçoivent les biens de la donation affectés du droit de résolution, lequel ne s'évanouit qu'au décès du donateur.

Troplong, n° 2674.

Dans quelle forme la révocation doit-elle se faire ?

2. — L'art. 1096 dit bien que les donations faites entre époux pendant le mariage seront toujours révocables, et que la révocation pourra être faite par la femme, sans y être autorisée par le mari, ni par justice ; mais la loi ne prescrit aucune règle particulière, pour opérer la révocation de ces donations.

(1) L'action en révocation pour ingratitude ne peut être intentée utilement que dans l'année qui s'est écoulée entre le fait d'ingratitude et le décès du donateur. (Art. 957.)

Cependant, comme la révocation d'une donation n'est rien autre chose qu'une déclaration de changement de volonté, la généralité des auteurs reconnaissent qu'il convient de suivre, à cet égard, les prescriptions des art. 1035 à 1038 relatives à la révocation des testaments.

En conséquence, comme celle des testaments, la révocation de nos donations pourra s'accomplir de deux manières, ou par une déclaration expresse, ou tacitement.

La déclaration expresse ne sera valable que si elle a été faite par acte notarié, ou insérée dans un testament olographe. Quant à la révocation tacite, elle sera suffisamment établie par l'aliénation, n'importe à quel titre, des biens compris dans la donation.

En principe, la révocation tacite ne peut soulever aucune difficulté ; mais il n'en est pas toujours de même dans la pratique.

En effet, pour qu'il y ait révocation, il ne suffit pas que les dispositions nouvelles soient incompatibles avec la donation, il faut encore qu'il soit clairement établi que cette incompatibilité était connue ou censée être connue du disposant : car, pour que la révocation s'accomplisse, il faut, à notre avis, que les dispositions nouvelles ne laissent absolument aucun doute sur l'intention vraie du disposant.

Ainsi, supposons qu'après avoir fait donation de sa maison à sa femme, Paul lègue une partie de cette maison à une tierce personne ; il est clair qu'ici il y a révocation partielle très manifeste, aussi bien dans le fait que dans l'intention.

Mais si, par contre, au lieu d'avoir légué une partie de sa maison, il eût légué une somme de 5,000 fr., somme d'ailleurs modique, relativement à la valeur importante de la maison (1), l'intention de révoquer partiellement la donation résultera-t-elle suffisamment du fait même de la dernière libéralité ?

_____

(1) On suppose, bien entendu, qu'après liquidation, il a été reconnu que la valeur de la maison est égale au montant de la quotité disponible, que, par suite, la réserve est entamée par le legs de 5,000 fr.

Nous n'hésitons pas à nous prononcer pour la négative : en présence de la difficulté de faire une évaluation exacte, et du défaut d'indications précises mettant à jour l'intention du disposant, on incline naturellement à penser que la seconde libéralité n'a été faite que parce qu'elle n'avait pas été considérée comme devant être incompatible avec la première.

On ne saurait donc, dans les cas de l'espèce, être trop clair et trop explicite, sinon les libéralités deviennent une source de procès malheureux qui ruinent et divisent les familles.

La donation d'u-
sufruit faite à la
femme est-elle révo-
quée de plein droit,
par la donation à
titre de partage an-
ticipé de tous les
biens du mari ?

3. — Remarquons, en tout cas, que la révocation tacite ne saurait atteindre les donations en usufruit de biens à venir faites à titre universel. A moins d'être révoquées par une déclaration expresse, ces donations subsistent, en effet, jusqu'au décès du donateur ; de sorte que les biens acquis postérieurement à la dernière libéralité, restent soumis à l'usufruit du conjoint donataire.

Précisons ce principe par un exemple :

Après avoir fait donation, en faveur de sa femme, de l'usufruit de la moitié de ses biens présents et à venir, Paul donne, par un partage anticipé, la pleine propriété de tous ses biens présents à ses enfants.

La seconde donation semble bien révoquer la première ; car, il est évident que si, à son décès, le donateur ne laisse aucun bien, la femme n'aura rien ; mais, pour être d'un résultat négatif, la donation ne subsiste pas moins, et s'il arrive que par suite d'acquisitions faites postérieurement au partage anticipé, Paul laisse des biens dans sa succession, sa femme exerce alors son entier droit, sur les biens de la succession d'après la masse composée de ces mêmes biens et de ceux donnés entre-vifs. Toutefois, en cas d'insuffisance, elle supporte le déficit.

Ainsi, supposant que les biens partagés soient évalués 20,000 fr. et que ceux trouvés dans la succession s'élèvent à 8,000 fr., on aura une masse de 28,000 fr. Aux termes de sa donation, la femme aurait droit à l'usufruit de la moitié, soit à l'usufruit de 14,000 fr., mais comme il ne se trouve dans la succession que 8,000 fr., elle exerce son droit d'usufruit sur ces 8,000 fr. en entier, subissant ainsi une perte d'usufruit sur 6,000 fr.

4. — Lorsque la révocation de la donation ne trouve pas les biens donnés, en la possession du donataire, le donateur peut exercer, quant aux biens immeubles, l'action en revendication contre les tiers détenteurs, alors même que ceux-ci les auraient acquis à titre onéreux. Il est clair, en effet, que ces biens n'ont pu être transmis par le donataire qu'affectés de l'action résolutoire appartenant au donateur.

Lorsque le donataire a aliéné les biens de la donation, le donateur qui révoque cette donation a-t-il son action contre les tiers ?

Mais, en ce qui concerne les biens meubles, l'art. 2279 enlevant à l'ancien possesseur toute action en revendication, les tiers sont à l'abri de toute recherche à cet égard.

XII. — DONATIONS PASSÉES EN PAYS ÉTRANGER. — La maxime *locus regit actum* n'est pas applicable aux donations de biens situés en France. Quoique passées à l'étranger, ces donations sont soumises à la législation française, de sorte que les contrats qui les constatent sont nuls s'ils violent cette même législation.

Les donations de biens situés en France, mais passées à l'étranger, sont-elles régies par les lois françaises ?

Ainsi, il a été jugé par un arrêt de la cour de Paris du 21 décembre 1812 (Dalloz V° disp. entre-vifs et test. N° 1386), qu'une donation passée en Allemagne, et valablement acceptée, d'après les lois allemandes, par une tierce personne, n'a point d'effet en France, attendu que l'art. 931 du Cod. Nap. frappe de nullité toute donation qui n'est pas acceptée par le donataire ou par son mandataire spécial.

XIII. — DES DONATIONS MUTUELLES ENTRE ÉPOUX PENDANT LE MARIAGE. — L'art. 1097 interdit aux époux de se faire des donations réciproques par un seul et même acte. C'est là une conséquence toute naturelle du caractère de révocabilité attribué aux donations entre époux faites pendant le mariage. Ces donations pouvant être révoquées même tacitement et en secret, c'est-à-dire à l'insu du donataire, il était indispensable, pour prévenir tout artifice de la part

Les époux peuvent-ils, pendant le mariage, se faire, par le même acte, une donation mutuelle et réciproque ?

du donateur de mauvaise foi, que la loi prononçât l'interdiction des donations conjonctives.

Quid, si la donation réciproque était établie dans un acte contenant diverses dispositions ?

1. — Remarquons, au surplus, que la loi ne fait aucune distinction entre le cas où la donation est établie par un acte spécial, et celui où elle résulte des dispositions d'un contrat dont l'objet principal serait autre que la donation elle-même.

Ainsi, est nulle la disposition par laquelle deux époux déclarent, dans l'acte de vente, que l'immeuble qu'ils acquièrent en commun appartiendra en totalité au survivant,

Est également nulle la clause de reversibilité stipulée, par le père et la mère, dans un acte de partage anticipé de leurs biens, entre leurs enfants, de l'usufruit de ces mêmes biens au profit du donateur survivant.

Amiens, 10 nov. 1853 (D. P. 54, 2, 92).

Toutefois, il y a lieu de décider, conformément aux dispositions de l'art. 900 que, la nullité de la clause de reversibilité n'entraîne pas la nullité de la réserve d'usufruit.

§ III.

De la quotité disponible entre époux.

SECTION Ire

Dispositions générales.

Qu'entend-on par quotité disponible ?

XIV. — TARIF DE LA QUOTITÉ DISPONIBLE ET DE LA RÉSERVE. — La quotité disponible est la portion de biens dont la loi permet la disposition à titre gratuit. La portion qui reste se nomme réserve ou portion indisponible. Le code donne le tarif de la quotité disponible, et non celui de la réserve. Pour connaître le montant de la réserve, il faut donc commencer par déterminer la quotité disponible.

Le code établit-il deux quotités disponibles distinctes pouvant être épuisées par le cumul ?

1. — Le législateur assigne à la quotité disponible deux tarifs différents, selon qu'il s'agit de libéralités faites aux personnes autres que le conjoint, ou de libéralités entre époux.

D'après le premier tarif que nous appellerons tarif ordinaire, le disposant peut donner, à titre gratuit, la totalité de ses biens, s'il ne laisse, à son décès, ni ascendants ni descendants. (Art. 916). S'il laisse des enfants, la quotité disponible varie selon le nombre de ces enfants : s'il y en a un, le disponible est de la moitié des biens ; s'il y en a deux, il est du tiers ; s'il y en a trois ou un plus grand nombre, il est du quart. (Art. 913).

Et si, à défaut d'enfants, il laisse des ascendants, la quotité disponible est des trois quarts des biens, s'il n'y a des ascendants que dans une ligne ; et elle est de moitié seulement, s'il y a un ou plusieurs ascendants dans chacune des lignes paternelle et maternelle. (Art. 915).

D'après le second tarif que nous appellerons tarif spécial aux époux, la quotité disponible est déterminée par l'art. 1094, si le disposant ne laisse pas d'enfants d'un précédent mariage ; et par l'art. 1098, s'il laisse des enfants d'un précédent mariage. Voici, d'ailleurs, le texte de ces deux articles :

« Art. 1094. — L'époux pourra, soit par contrat de mariage, soit pendant le mariage, pour le cas où il ne laisserait point d'enfants ni descendants, disposer en faveur de l'autre époux, en propriété, de tout ce dont il pourrait disposer en faveur d'un étranger, et, en outre, de l'usufruit de la totalité de la portion dont la loi prohibe la disposition au préjudice des héritiers. — Et pour le cas où l'époux donateur laisserait des enfants ou descendants, il pourra donner à l'autre époux, ou un quart en propriété et un quart en usufruit, ou la moitié de tous ses biens en usufruit seulement. »

« Art. 1098. — L'homme ou la femme qui, ayant des enfants d'un autre lit, contractera un second ou subséquent mariage, ne pourra donner à son nouvel époux, qu'une part d'enfant légitime le moins prenant, et sans que, dans aucun cas, ces donations puissent excéder le quart des biens. »

Ainsi, le code détermine deux tarifs distincts : l'un applicable au disponible ordinaire, et l'autre, au disponible entre époux. Mais, est-ce à dire que le législateur accorde, par là, la faculté de disposer jusqu'à concurrence des deux quotités disponibles réunies et ajoutées l'une à l'autre ?

Antérieurement au Code Napoléon, le tarif de la quotité disponible ordinaire était tellement limité, que le cumul des deux disponibles ne présentait, pour les réservataires, qu'un retranchement équitable. (Loi du 17 nivose an II). Mais, le législateur du code, en donnant une extension plus grande, au tarif de la quotité disponible ordinaire, ne pouvait maintenir le cumul. On ne saurait admettre, en effet, que celui qui aurait un enfant, pût réduire la réserve de son enfant au quart de ses biens en nue propriété; c'est pourtant ce qui arriverait si on admettait le cumul; car, si l'on donnait, d'après l'art. 913, moitié des biens en pleine propriété à un étranger, et d'après l'art. 1094, un quart en pleine propriété et un quart en usufruit, au conjoint; il ne restait plus, pour l'enfant, qu'un quart en nue propriété.

Il suffit d'énoncer de telles conséquences, dit M. Troplong, (N° 2581) pour en condamner le principe.

Nous reconnaîtrons donc que le législateur du code n'établit pas deux quotités disponibles distinctes pouvant s'ajouter l'une à l'autre. Il établit simplement deux tarifs qui se combinent et se confondent.

Grenier, n° 584; Toullier, t. V, n° 870; Delvincourt, t. II, p.65, note 4; Duranton, t. IX, n° 787; Proudhon, t. I, n° 356; Cass, 21 nov. 1842 (Devill., 42, 1, 807).

2.—Mais, si le disposant ne peut pas disposer jusqu'à concurrence des deux tarifs cumulativement, peut-il tout au moins, épuiser le tarif le plus élevé, en faveur, soit de son conjoint, soit d'un étranger, indifféremment ? Sans doute, le disposant peut atteindre, par la masse de ses libéralités, le tarif le plus étendu; mais il ne peut, dans aucun cas, faire à l'étranger, l'application du tarif entre époux, et à l'époux, l'application du tarif ordinaire.

Ainsi, le père de trois enfants a parfaitement le droit d'épuiser le disponible de l'art 1094, en donnant, par exemple, un quart en propriété à un étranger, et un quart en usu-

Peut-on, toujours et dans tous les cas, épuiser le tarif le plus élevé ?

fruit à sa femme ; mais, s'il dispose en faveur d'un étranger, il ne peut donner qu'un quart en propriété ; de même
que le père d'un seul enfant qui dispose en faveur de son
conjoint, ne peut donner qu'un quart en propriété et un
quart en usufruit.

Tous les auteurs ne sont pas d'accord sur ce point ;
mais c'est là une théorie devenue désormais indiscutable.

Cass., 21 nov. 1842, (Devill., 42, 1, 897).

Toullier, t. V, n° 869; Grenier, n° 584; Delvincourt, t. II,
p. 65; Vazeille, n° 6; Poujol, n° 4; Coin-Delisle, n° 5;
Marcadé, n° 1er; Troplong, n°s 2581 et suiv.

Contra, Benech (de la quot. disp. entre époux, p. 101) et
depuis lui, Valette, Zachariæ, Demante, Duranton et Aubry.

XV. — DU CALCUL DE LA QUOTITÉ DISPONIBLE. — La loi
règle le quantum de la quotité disponible en raison du
nombre et de la qualité des héritiers que le disposant
laisse à son décès. Ce n'est donc qu'à ce moment-là qu'on
peut déterminer le quantum de la portion disponible.

A quel moment doit-on déterminer le *quantum* du disponible ?

1. — Mais comment calcule-t-on la quotité disponible ?
Est-ce en raison des enfants que le disposant laisse à son
décès, ou en raison de ceux qui recueillent la succession ?

L'enfant renonçant fait-il nombre pour le calcul de la quotité disponible ?

D'après l'opinion la plus accréditée dans la doctrine ou
plutôt dans la jurisprudence, le calcul du disponible doit
être fait en considérant, non le nombre des enfants qui
recueillent la succession, mais celui des enfants existant à
l'époque du décès.

Pour soutenir cette opinion, on invoque les arguments
que voici :

1° L'art. 913 règle la quotité disponible, d'après le nombre des enfants que le disposant *laisse à son décès*, et non
d'après le nombre de *ceux qui se portent héritiers*. Or,
exiger cette condition, serait ajouter au texte de la loi.

2° L'art. 786 décide que la part du renonçant accroît à
ses *co-héritiers*; ce qui veut dire, en d'autres termes, que
la part du renonçant doit passer tout entière dans la
réserve, qu'en conséquence elle ne peut nullement profiter
au légataire de la quotité disponible.

3° Il serait peu rationnel d'admettre que le pouvoir de disposer pût recevoir de l'accroissement, après le décès du disposant. C'est pourtant ce qui arriverait si les enfants renonçants, ne faisaient pas nombre pour le calcul de la quotité disponible.

Grenier, 2, 564; Toullier, 3, 109; Duranton, 8, 298; Coin-Delisle, art. 913, 6; Levasseur, n° 49; Poujol, art. 913, 7; Vazeille, art. 913, 2; Saintespès-Lescot, t. II, n° 312; Zachariæ, § 681; Dalloz, v° disp. 756; Massé et Vergé, t. 3, p. 130; Troplong, n° 784.

Cass. 18 fév. 1818, Sir. 18, 1, 98; Caen, 16 fév. 1826, Sir. 26, 2, 296; Caen, 25 juil. 1837, Devill. 37, 2, 436; Amiens, 17 mars 1853, D. P. 53, 2, 260; Bastia, 21 fév. 1854, D. P. 54, 2, 104.

D'autres auteurs, et notamment le savant professeur M. Demolombe, qui traite la question avec une lucidité remarquable, enseignent, au contraire, que le calcul du disponible ne doit jamais se faire que d'après le nombre des enfants qui viennent réellement à la succession.

Cette dernière doctrine est, incontestablement, la seule qui soit admissible, la seule qui satisfasse et la loi et la raison.

1° L'art. 913, dit-on dans le premier système, ne parle que des enfants que le disposant *laisse à son décès*... Eh! sans doute! car, c'est bien au moment du décès qu'on doit calculer la quotité disponible; c'est d'après l'état de la famille tel qu'il se trouve établi au moment du décès, et non tel qu'il l'était au moment de la libéralité. Voilà pourquoi le législateur s'est servi de ces expressions *laisse au décès*... Mais, il est manifeste que, dans sa pensée, il a entendu parler des enfants que le disposant *laisse comme héritiers*; car, comme le prouve très clairement le texte des art. 746, 748, 749, 750, 757, 758, 767, dans le langage du code, *laisser tel parent*, signifie *avoir ce parent pour héritier*. D'ailleurs, est-il admissible que dans un article où il règle la transmission des biens, le législateur ait entendu parler aussi bien des enfants qui restent complètement étrangers aux biens de la succession, que des enfants qui les recueillent?

L'évidence, l'équité, la raison démontrent donc que l'art. 913 ne peut s'occuper que des enfants que le disposant *laisse relativement à l'hérédité.*

2° L'art. 786, dit-on encore dans le même système, décide formellement que la part du renonçant accroît à ses *co-héritiers*; donc, elle n'accroît pas au légataire du disponible; donc, la renonciation n'influe en rien sur le *quantum* du disponible.

En vérité, l'argument tiré de l'art. 786 n'est pas plus heureux que celui qu'on a cherché dans l'art. 913.

Il est certain que l'art. 786 décide que la part du renonçant accroît à ses *co-héritiers*; mais la loi suppose ici, une masse de biens revenant *en entier* à tous les co-héritiers, une masse commune et invariable pour tous, en un mot, une masse qui aurait été recueillie en totalité par les héritiers acceptants, si les héritiers renonçants n'avaient jamais existé.

Ainsi, je décède *intestat* laissant deux enfants dont un renonce à la succession. Il est clair que dans l'espèce, l'enfant qui accepte doit prendre le patrimoine en entier, parce qu'il l'aurait pris, à plus forte raison, s'il avait été seul, ou plutôt, si son frère renonçant n'avait jamais existé.

Mais, la réserve des enfants est loin de constituer une masse absolument invariable, c'est-à-dire une masse qui aurait été recueillie *en entier* par les enfants acceptants, tout comme si les enfants renonçants n'avaient jamais vu le jour. Il est évident, en effet, que si je meurs laissant deux enfants en présence d'un légataire universel, la réserve est des deux tiers.(Art. 913). Or, personne ne soutiendra que cette réserve eût été la même, si l'un des deux enfants n'eût point existé; car, celui qui ne laisse qu'un enfant peut disposer de la moitié de ses biens. Donc la réserve n'est point une masse invariable, ni une masse commune aux réservataires et au légataire; donc, l'art. 786 n'est point applicable au cas où le *decujus* a fait des libéralités.

Il faut donc reconnaître que la part du renonçant reste dans le patrimoine duquel elle est censée n'avoir jamais

été détachée, et elle profite ainsi, tout à la fois, à la réserve
et à la quotité disponible.

3° On oppose, enfin, qu'il serait peu rationnel d'admettre que le pouvoir de disposer pût recevoir de l'accroissement après le décès du disposant.

Cette objection n'est pas sérieuse.

Il n'est point douteux que le fait de la renonciation ne
soit un évènement postérieur au décès, puisque la loi
interdit la faculté de répudier une succession non encore
ouverte; mais ce n'est pas le fait matériel de la renonciation qu'il faut considérer ici, c'est l'effet produit par ce
fait. Or, l'effet de la renonciation ne rétroagit-il pas jusqu'au moment du décès? et n'est-il pas logique dès lors
que, relativement à la succession, on considère le renonçant comme n'ayant jamais existé?

En tout cas, de même que la donation du disponible
faite par acte entre-vifs, reçoit de l'extension par le décès
de l'un des enfants du donateur, survenu depuis la donation, le legs du disponible reçoit de l'extension par la
renonciation à la succession de l'un des héritiers à réserve Peu importe, en effet, que la cause qui donne lieu
à l'accroissement du disponible se produise du vivant, ou
après le décès du disposant; dès là que la donation est
une libéralité irrévocable, le fait de l'accroissement se
produit ici comme dans l'espèce où il s'agit d'une renonciation à succession, sans participation aucune de la part
du disposant.

Delvincourt, t. II, p. 216; Duvergier sur Toullier, t. III,
108; Marcadé, art. 913, n° 5; Lagrange, rev. de droit, 44,
t. V, p. 127; Ragon, II, 288; Demolombe, t. II, n° 97 et
suiv.

Quid, de l'in-
digne?

2. — Ce que l'on décide à l'égard de l'enfant qui renonce, doit nécessairement être décidé à l'égard de
l'enfant qui est exclu pour cause d'indignité; et cela, sans
distinction aucune entre le cas où le jugement prononçant
l'indignité est antérieur ou postérieur à la libéralité. Car,
du moment que l'indignité est prononcée, le successible
est frappé d'incapacité, et l'effet de cette incapacité re-

monte, comme l'effet de la renonciation, à l'époque du décès du disposant.

Remarquons, toutefois, que si l'indigne a des enfants, ceux-ci viennent de leur chef à la succession de leur aïeul. Il serait peu équitable, en effet, que n'ayant rien à se reprocher, ces enfants fussent victimes de l'indignité de leur père.

Comp. Troplong, n°ˢ 795, 796; Demolombe, t. II, n° 101.

3. — Si la renonciation était faite en faveur de quelques-uns des cohéritiers, cette renonciation constituerait une donation pure et simple emportant, par cela même, acceptation de la succession, par le renonçant. (Art. 780). En conséquence, une pareille renonciation ne saurait influer sur le calcul de la quotité disponible; et puisqu'elle produit les effets d'une donation entre-vifs, lors de son enregistrement, elle est passible du droit proportionnel établi pour les transmissions à titre gratuit (1).

Quid, de l'enfant qui renonce au profit de quelques-uns seulement de ses cohéritiers?

4. — L'art. 333 dispose que les enfants légitimés par le mariage, jouiront des mêmes droits qu'ils auraient eus s'ils étaient nés en mariage. Nul doute, en conséquence, que ces enfants ne fassent nombre pour le calcul du disponible.

Quid, de l'enfant légitimé par le mariage?

5. — Il en est de même de l'enfant adoptif. L'art 350 accorde, en effet, à l'adopté, tous les droits qui se rattachent à la qualité d'enfant légitime.

Quid, de l'enfant adoptif?

Cass. 29 juin 1825 (Devill. 8, 1, 146).

6. — La loi du 31 mai 1854 ayant aboli la mort civile, le condamné à une peine afflictive perpétuelle, n'est plus incapable de recueillir la succession; il prend sa part de réserve comme ses frères et sœurs; il doit faire nombre,

Quid, de l'enfant condamné à une peine afflictive perpétuelle!

(1) Il en serait de même si, ayant d'abord accepté, l'héritier renonçait ensuite. La renonciation, en pareil cas, prendrait le caractère d'une libéralité passible du droit proportionnel d'enregistrement
Il va sans dire, toutefois, que si elle n'est pas acceptée par ceux à qui elle profite, la renonciation ne peut jamais être assujettie qu'au droit fixe de deux francs.

par conséquent, pour le calcul du disponible. Toutefois, le condamné à une peine afflictive perpétuelle est toujours incapable de recevoir par donation ou testament.

Troplong, nº 794.

Quid, de l'absent ?

7. — Quant à l'absent, il ne saurait compter pour le calcul de la quotité disponible. Cela résulte invinciblement des dispositions des art. 135, 136. Mais il va de soi que, si l'absent laisse des enfants, ceux-ci viennent à son lieu et place par représentation.

Le don ou le legs universel embrasse-t-il la quotité disponible la plus étendue ?

XVI. DES LIBÉRALITÉS EXCESSIVES OU SANS ASSIETTE DÉTERMINÉE. — Un legs universel ou un don de la quotité disponible embrasse évidemment le maximum du disponible. Il n'est pas permis de douter, en effet, que celui qui déclare donner tous les biens qui composeront sa succession ou même la quotité disponible de ses biens, n'ait eu l'intention de donner tout ce dont la loi lui permet de disposer.

Il suit de là que pour que la libéralité comprenne la quotité disponible la plus forte, il n'est pas nécessaire que le disposant fasse une stipulation expresse à cet égard.

Ainsi, l'époux qui a fait à son conjoint la donation universelle de tous ses biens, et qui meurt laissant pour héritiers à réserve son père et sa mère, a donné la totalité du disponible déterminé par l'art. 1094, c'est-à-dire moitié en pleine propriété et moitié en usufruit, de telle sorte que les ascendants n'ont droit qu'à la moitié en nue propriété.

Toullier, t. V, nº 867 ; Delvincourt, nº 2, p. 220 ; Grenier, t. II, nº 450 ; Duranton, t. IX, nº 790 ; Marcadé sur l'art. 1094, nº 2 ; Zachariæ, éd. Massé et Vergé, t. III, § 460 ; Bonnet, t. III. nº 1028 ; Dalloz, Vº disp. entre-vifs et test. nºˢ 805 et suiv. ; Troplong, nºˢ 2557 et suiv.

Agen, 11 déc. 1827, (Sir, 29, 2, 74) ;
Toulouse, 24 av. 1837 (Devill., 41, 1, 90) ;
Cayenne, 8 mai 1837 (Devill., 43, 1, 289) ;
Cassat., 18 nov. 1840 (Devill., 41, 1, 90) ;
Rouen, 24 mai 1841 (Devill., 43, 1, 539) ;

Cassat., 30 juin 1842 (Devill., 43, 1, 289);
Cassat., 3 avril 1843 (Devill., 43, 1, 539);
Riom, 16 déc. 1846 (Devill., 47, 2, 249);
Paris, 30 déc. 1847 (Devill., 48, 2, 138);
Lyon, 3 fév. 1853 (Devill., 54, 1, 430);
Cassat., 24 avril 1854 (Devill., 54, 1, 430);
Montpellier, 27 janv. 1858 (J. du Pal., 1859);
Paris, 28 déc. 1860 (J. du Pal., 1861);
Paris, 1er mars 1864.

Contra. — Bastia, 12 janv. 1859 (Devill., 60, 2, 181).

1. — Nous ferons remarquer que, par son arrêt du 24 avril 1854 précité, la cour de cassation décide que l'intention du disposant est certaine lorsque la disposition au profit du conjoint a pour objet un usufruit qui, à raison de son étendue, est inconciliable avec l'usufruit des ascendants réservataires.

Quid, si le don universel avait pour objet l'usufruit des biens ?

En conséquence, l'époux qui a fait à son conjoint donation de l'usufruit de tous ses biens, est réputé avoir réduit la réserve des ascendants à une nue propriété. Il est évident, en effet, que n'entamant pas la réserve, une pareille libéralité ne saurait subir aucun retranchement.

Comme on le voit, toute disposition universelle, ou à titre universel, comprend aussi bien l'usufruit de la réserve des ascendants, que le reste des biens composant la quotité disponible. Toutefois, lorsque les termes de la disposition peuvent laisser du doute sur l'étendue de la libéralité, les tribunaux ont qualité pour apprécier la portée des termes, et rechercher ainsi quelle a pu être l'intention du disposant, sans que leur décision puisse être déférée à la censure de la cour suprême.

Mais, si au lieu de laisser des ascendants, le disposant laissait des enfants issus du mariage, la disposition universelle en usufruit serait-elle réduite à la moitié, ou bien les enfants seraient-ils tenus d'opter entre l'exécution de la disposition totale, et l'abandon du disponible le plus étendu ?

L'art. 917 dispose, il est vrai, que lorsque la libéralité a pour objet un usufruit ou une rente viagère dont la valeur excède la quotité disponible, les réservataires (1) auront l'option, ou d'exécuter la disposition, ou de faire l'abandon de la propriété de la quotité disponible. Mais les dispositions de cet article ne sauraient être applicables au cas où la libéralité a été faite en conformité de l'art. 1094. De ce que la loi donne ici la mesure à laquelle les libéralités en usufruit doivent être limitées, il suit que lorsque la libéralité est excessive, la réduction s'opère d'elle-même, sans qu'il y ait lieu de compenser l'usufruit retranché, par le quart en nue propriété dont le disposant aurait pu disposer en faveur de son conjoint. Il n'est pas nécessaire, dans l'espèce, de recourir à une estimation pour savoir si la libéralité excède ou non la quotité disponible ; le législateur laisse au disposant le choix de donner ou un quart en propriété et un quart en usufruit, ou la moitié en usufruit. Il tombe donc sous les sens que lorsque le don est d'un simple usufruit, le disposant a nécessairement voulu que la nue propriété de son patrimoine restât tout entière à sa famille.

Cette opinion domine en doctrine et en jurisprudence. Proudhon, t. I, n° 345 ; Coin-Delisle, n° 8 ; Marcadé, t. IV, n° 339 ; Dalloz, V° disp. entre-vifs et test., n° 824 ; Troplong, n° 2571.

Amiens, 15 février 1822 (Palais, t. XVII, p. 135) ;
Bourges, 12 mars 1839 (Devill., 39, 2, 373) ;
Angers, 8 juil. 1840 (Devill., 40, 2, 391) ;
Contra, Rolland de Villargues, n° 118 ;
Coulon, quest. de droit, t. II, p. 554 ;
Poitiers, 20 mars 1823 (Palais, t. XVII, p. 983).

Quid, si le disposant laisse des enfants issus d'un premier mariage ?

2. — Toutefois, si la libéralité en usufruit était faite dans le cas prévu par l'art. 1098, la réduction s'opérerait d'après l'art. 917. En effet, la loi ne désigne plus ici, comme dans le cas de l'art. 1094, la nature des biens, elle en détermine simplement le *quantum* qu'elle fixe à une part d'enfant le

(1) Il est clair que dans aucun cas les héritiers non réservataires n'auront qualité pour demander la réduction ; car, en ce qui les concerne, la quotité disponible peut embrasser la totalité des biens.

moins prenant, avec un *maximum* qui ne peut jamais dépasser le quart du patrimoine.

Ainsi, un veuf ayant deux enfants issus de son premier mariage, meurt après avoir légué, à son épouse en secondes noces, l'usufruit de tous ses biens. La légataire aura ici le droit de dire, aux enfants du premier lit, qu'elle entend jouir de l'usufruit de la succession entière, s'ils n'aiment mieux lui abandonner la pleine propriété du quart (1).

Vazeille, art. 1098, n° 18; Ancelot sur Grenier, t. IV, p. 422; Troplong, n° 2731.

Req., 1er avril 1844 (Devill., 44, 3, 844);
Douai, 14 juin 1852 (Devill., 53, 2, 97);
Orléans, 12 janvier 1855 (Devill., 55, 2, 544);
Bordeaux, 3 juil. 1855 (Devill., 55, 2 545);
Caen, 10 déc. 1859 (Devill., 60, 2, 615).

3. — Si la libéralité n'est plus d'un usufruit, mais d'une rente viagère, la question change. De ce que l'art. 1094 statue spécialement sur le *maximum* des libéralités en usufruit, et ne s'explique pas sur le *maximum* des libéralités en rente viagère, on décide naturellement qu'ici, il y a lieu de faire l'application de l'art 917, en laissant aux héritiers le choix ou de servir la rente ou de livrer la quotité disponible la plus étendue (2). (Coin-Delisle, sur l'art. 1094, n° 9; Proudhon, t. I, n° 345; Demolombe, t. II, n° 436).

Tout en reconnaissant qu'il faut faire une distinction entre un don d'usufruit et un don de rente viagère,

Quid, lorsque la libéralité a pour objet une rente viagère ?

(1) Dans le cas où les héritiers ne pourraient pas tous s'entendre sur le point de savoir s'ils doivent exécuter la disposition, ou abandonner la quotité disponible la plus étendue, chaque héritier isolément a le droit de faire l'abandon de sa part dans la quotité disponible. Du moment que l'art. 870 déclare que les co-héritiers doivent contribuer aux charges de la succession, *chacun dans la proportion de ses droits,* il est évident que les charges se divisent entre les co-héritiers.

Cependant, si la chose donnée était indivisible, il y aurait lieu de décider, par argument tiré de l'art 1221, que les héritiers seront alors tenus de s'entendre pour l'exercice du droit d'option.

Troplong, n°s 840, 841; Demolombe, t. II, n°s 454, 455.

(2) *Ibid.*

M. Troplong, n° 2574, s'attachant au respect qu'on doit à la volonté suprême du disposant, émet l'avis que pour concilier les intérêts de tous, il convient, dans les cas de l'espèce, d'adopter le système inauguré par un arrêt de la cour de Rouen du 9 avril 1853 (J. N., art. 14987), qui consiste à convertir la rente en une jouissance viagère, dont l'importance soit l'équivalent de la valeur que peut avoir la quotité disponible la plus étendue.

Ce système est sans doute très ingénieux, mais il est, à notre avis, entièrement incompatible avec la loi. Eh quoi! faudra-t-il, dans l'unique but de conserver à la libéralité le caractère viager qu'elle revêt, proscrire le droit d'option qui est le seul moyen autorisé par la loi, et exposer ainsi la quotité disponible et par suite la réserve, aux hasards si capricieux d'une expertise d'ailleurs toujours fort dispendieuse?

L'art. 917 prévoit le cas où la libéralité a pour objet une rente viagère onéreuse, telle est notre espèce; et il place les réservataires dans l'alternative ou d'exécuter la disposition avec ses charges, ou d'abandonner la propriété de la quotité disponible.

Or, puisque nous nous trouvons dans le cas expressément prévu par la loi, n'est-ce pas violer la loi que de recourir à un système autre que celui qu'elle impose?

Il peut arriver, à la vérité, que la rente viagère absorbe le revenu du patrimoine tout entier; mais c'est là une circonstance sans influence. Si le disposant n'a pas jugé à propos de déterminer lui-même le mode à suivre pour opérer la réduction de sa libéralité, c'est qu'il a entendu nécessairement que ses héritiers auraient à se conformer aux dispositions de l'art. 917, c'est-à-dire à supporter les charges temporaires qu'il avait cru devoir leur imposer, ou à livrer la propriété de la quotité disponible, à leur choix.

Et maintenant, qui est-ce qui pourrait se plaindre d'une pareille solution? Ne concilie-t-elle pas tous les intérêts, puisqu'elle fournit aux héritiers un moyen de s'affranchir de la rente, et qu'elle investit le légataire, de la portion disponible la plus forte?

Nous reconnaîtrons donc que, toutes les fois que les réservataires seront grevés d'une rente viagère excessive, ils ne pourront s'en affranchir qu'en se soumettant à l'option qui leur est accordée par l'art. 917.

4. — L'art. 917 ne s'occupe que des dispositions qui ont pour objet ou un usufruit ou une rente viagère ; autrement dit, il ne s'occupe que des libéralités qui constituent simplement une charge temporaire s'éteignant au décès de la personne gratifiée, et laissant la réserve intacte aux mains de la famille du *decujus*.

Quid, lorsque la libéralité a pour objet une somme d'argent ?

Or, le legs d'une somme d'argent ne constituant pas une charge temporaire grevant simplement les revenus de la réserve, mais une charge diminuant la réserve elle-même, ne saurait, à notre avis, tomber sous l'application des dispositions de l'art. 917.

5. — L'art. 917 est-il aussi bien applicable au cas où la libéralité est d'une nue propriété, qu'à celui où elle consiste en un usufruit ou en une rente viagère ?

Quid, lorsque la libéralité a pour objet une portion en nue propriété ?

M. Demolombe (t. II, n°s 436 et suiv.) se prononce très énergiquement pour l'affirmative. S'inspirant de la doctrine que Lebrun, Roussilhe et Pothier ont fait prévaloir dans l'ancien droit, le savant auteur pose comme principe indiscutable que le père de famille peut imposer certaines charges à ses héritiers réservataires, et que lorsque cela a lieu, il leur défère implicitement l'option ou de réclamer la réserve ou d'exécuter la disposition.

Ainsi, d'après ce système, toutes les fois que la libéralité blesse la réserve, le réservataire tombe de plein droit sous l'application de l'art. 917.

Cela est d'évidence s'il s'agit d'une libéralité qui grève la réserve sans altérer ni transformer la nature des valeurs qui la composent : c'est précisément là le cas prévu par la loi. En effet, l'art. 917 en laissant au réservataire le choix, ou de livrer l'usufruit ou la rente viagère, ou d'abandonner la propriété de la quotité disponible, l'autorise parfaitement à récompenser le réservataire, en nue propriété de ce qu'il lui ôte en usufruit.

Mais il n'en est plus ainsi à l'égard des libéralités qui

produisent l'effet contraire, c'est-à-dire qui convertissent, qui transforment la réserve en un simple droit de jouissance viagère. La loi veut alors que le disposant lui-même respecte la réserve. Ce qui revient à dire qu'elle lui interdit de récompenser le réservataire, en usufruit de ce qu'il lui ôte en nue propriété.

On objecte à cela que du moment où le réservataire a le droit de réclamer la réserve intacte, il n'a pas à se plaindre d'une transformation qu'il n'est pas obligé de subir.

Sans doute, le réservataire peut toujours échapper à la transformation ; mais peut-on l'assujettir à l'alternative de l'art. 917 par une transformation prohibée?

Nous disons prohibée; car, à notre avis, accorder au disposant la faculté de convertir la réserve en un simple droit de jouissance, ce serait méconnaître complètement le but de l'institution de la réserve qui est de consacrer à la famille, l'intégrité des biens de la portion indisponible non-seulement en valeur, mais encore en nature.

D'après notre système, le légataire reçoit moins que le disposant ne lui donne, ce qui, de prime abord, semble justifier la solution que nous combattons; mais nous le répétons, si d'après l'art. 917, le disposant est autorisé à grever la réserve, d'une charge purement temporaire, rien ne l'autorise à empiéter sur la réserve elle-même.

Lorsque le legs en nue propriété est excessif, il est sans doute permis de supposer que le disposant a voulu donner le plus possible; mais, le plus possible *en nue propriété seulement*; car, il est incontestable aussi qu'en donnant une nue propriété, le disposant a entendu et voulu que ses héritiers pussent jouir immédiatement des valeurs *entières* de sa succession. Il a eu des raisons pour le faire ainsi, et ces raisons sont indiscutables.

Comp. *infra*, n° XXIII-5 à la note.

Nous reconnaîtrons donc, que loin de comprendre la double hypothèse où le disposant a récompensé les héritiers à réserve, soit en nue propriété de ce qu'il leur ôte en usufruit, soit en usufruit de ce qu'il leur ôte en nue propriété, l'art. 917 établit une exception uniquement en faveur des libéralités qui grèvent la réserve d'une simple charge, et laisse par conséquent les dispositions qui transforment et anéantissent la réserve, sous l'application de la loi commune qui prescrit la réduction.

Cass. 7 juillet 1857 (D. P. 57, 1, 348);

Caen, 17 mars 1858 (D. P. 58, 2, 99).

6. — Il résulte de ce qui vient d'être dit que la libéralité tombe ou non sous l'application de l'art. 917, selon qu'elle grève la réserve d'une charge purement temporaire, ou qu'elle la transforme complètement, en convertissant une pleine propriété en un simple droit de jouissance.

Ce principe étant établi, il est facile de reconnaître si une libéralité qui a pour objet tout à la fois un usufruit et une nue propriété, se trouve ou non dans le cas prévu par notre art. 917. En d'autres termes, il est aisé de savoir si les héritiers sont tenus, ou d'exécuter la libéralité telle qu'elle a été faite, ou de livrer la pleine propriété de la quotité disponible ; ou bien, s'ils ont le droit d'en demander purement et simplement la réduction.

En effet, de deux choses l'une : ou la réserve n'est grevée que d'un simple usufruit, d'une charge purement temporaire, et la libéralité est régie par l'art. 917 ; ou la pleine propriété de la réserve est convertie en un simple droit de jouissance, et la libéralité est alors sujette à réduction.

Ainsi, Paul ayant des enfants et un patrimoine composé de valeurs mobilières arrivant à 6,000 fr. et d'immeubles estimés 36,000 fr., meurt après avoir légué, à son épouse, la nue propriété des meubles et l'usufruit des immeubles.

En composant la masse totale des biens, on obtient un chiffre de 42,000 fr. dont le quart formant le *maximum* du disponible en propriété est de 10,500 fr., et la moitié sur laquelle peut porter le *maximum* du disponible en usufruit est de 21,000 fr.

Or, de ce que la libéralité attribue, en propriété, moins du quart, c'est-à-dire moins que le disponible, et en usufruit, plus de la moitié ou plus que le disponible, il suit que la libéralité n'est excessive que par l'usufruit. La réserve

Quid, lorsque la libéralité a pour objet l'usufruit des immeubles et la nue propriété des meubles?

4

n'étant donc grevée que d'un usufruit, la libéralité tombe nécessairement sous l'application de l'art. 917.

Supposons le cas, maintenant, où la libéralité doit être soumise à la réduction.

Jacques ayant des enfants et un patrimoine composé de valeurs mobilières montant à 24,000 fr. et d'immeubles évalués 12,000 fr., meurt après avoir légué à sa femme l'usufruit de ses biens immeubles et la nue propriété de ses biens meubles.

La masse des biens donne un total de 36,000 fr., dont le quart formant le *maximum* du disponible en propriété est de 9,000 fr.

Or, de ce que la libéralité comprend 24,000 fr. en propriété, chiffre supérieur au quart qui n'est que de 9,000 fr., il suit qu'ici la réserve se trouve convertie en un simple usufruit jusqu'à concurrence de 15,000 fr. Donc la libéralité est sujette à réduction.

Ainsi, dans notre hypothèse, on attribuera à la légataire 9,000 fr. de meubles en nue propriété, et 9,000 fr. d'immeubles en usufruit.

De cette manière la volonté du disposant qui était de laisser intactes à ses héritiers, et la propriété des immeubles, et la jouissance des valeurs mobilières, aura été entièrement observée.

7. — Un autre cas, pouvant donner lieu à l'application de l'art. 917, est celui où le disposant a légué à son conjoint, une chose ou l'autre, sans avoir accordé le droit d'option ni au légataire, ni aux héritiers. Supposons, par exemple, que le disposant ait légué à sa femme une rente viagère ou un immeuble.

Nous avons dit supra quest. 1, 3, que lorsque la libéralité est d'un usufruit ou d'une rente viagère, les héritiers à réserve ont le choix, ou d'exécuter la disposition, ou d'abandonner la quotité disponible tout entière ; et quest. 4, 5, que quand la libéralité a pour objet une somme d'argent ou une nue propriété, elle est réductible au quantum du disponible.

Ainsi, dans l'espèce présentée, on se trouvera ou non dans le cas de l'art. 917, selon que la légataire recevra la

Quid, lorsque la libéralité, ayant pour objet une chose ou l'autre, est faite sous la forme alternative ?

rente viagère ou l'immeuble. En conséquence, la question se réduit à savoir à qui appartient le choix d'option.

L'art. 1189 est ainsi conçu : « Le débiteur d'une obligation alternative est libéré par la délivrance de l'une des deux choses qui étaient comprises dans l'obligation. » Et l'art. 1190 porte que, « le choix appartient au débiteur s'il n'a été expressément accordé au créancier. »

Or, le débiteur, dans notre hypothèse, étant l'héritier, c'est à lui seul qu'appartient le droit d'option, et cela quelle que soit la différence en valeur, entre les deux choses désignées.

8. — Nous venons d'examiner les différents cas où il y a lieu d'appliquer, à la libéralité, les dispositions de l'art. 917; il nous reste à connaître quels sont les effets de l'option à l'égard du titre constitutif.

Quels sont les effets de l'option exercée, par l'héritier, de conformité à l'article 917 ?

L'abandon de la propriété de la quotité disponible, au légataire gratifié à titre particulier seulement, n'est qu'un mode de paiement, qu'un mode d'exécution de la disposition elle-même, sans qu'il en résulte le moindre changement dans le titre du légataire. Il n'est pas douteux, il est vrai, que par suite de l'option, le légataire ne reçoit pas la chose léguée elle-même; mais il est incontestable que si on ne lui avait rien légué, il n'aurait eu rien à prétendre. C'est donc, toujours et dans tous les cas, en vertu du même titre que le légataire exerce son droit.

Vazeille, 917, n° 8; Coin Delisle, art. 917, n° 13; Rolland de Villargues, Rép. du notariat, V° Port. disp. n° 250; Bayle-Mouillard sur Grenier, t. II, n° 638; Saintespès-Lescot, t. II, n° 370; Troplong, n° 842.

Contra, Demolombe, t. II, n° 459·

Mais, de ce qu'il n'y a rien de changé dans le titre originaire, de ce que le légataire reste un légataire particulier, s'en suit-il que, celui-ci doit rester étranger au paiement des dettes de la succession ?

M. Proudhon, n° 341, et après lui, M. Dalloz, t. V, p. 413, n° 29, répondent par l'affirmative; mais tous les autres auteurs embrassent la négative, et ils reconnaissent, avec raison, que le légataire qui reçoit la propriété de la quotité disponible, doit nécessairement supporter les dettes jusqu'à concurrence de son émolument, par la raison toute simple que, pour établir la quotité disponible, il faut commencer par opérer le prélèvement des dettes.

Comme conséquence de cette doctrine, il faut admettre que si la succession était grevée de dettes conditionnelles ou contestées, on déterminerait la quotité disponible sans prélever le montant de ces dettes; mais le légataire serait tenu de cautionner le rapport des biens à lui abandonnés, afin de faire face, le cas échéant, au paiement de la portion des dettes lui incombant.

Troplong, n° 843 ; Demolombe, t. II, n° 460.

XVII. — DU CAUTIONNEMENT A FOURNIR PAR L'ÉPOUX DONATAIRE OU LÉGATAIRE DE L'USUFRUIT. — La question de savoir si la dispense de donner caution, accordée par le disposant au donataire ou au légataire en usufruit, est valable même lorsque la libéralité porte sur la réserve, est vivement controversée notamment en jurisprudence.

L'art. 601 n'assujettit l'usufruitier à donner caution que tout autant que l'acte constitutif de son droit, ne l'en dispense pas expressément.

Il résulte donc très clairement de là que le disposant est autorisé, s'il le juge convenable, à dispenser l'usufruitier de fournir caution. Cela est incontestable. Mais là n'est pas la question; ce qu'il importe de savoir c'est si l'art. 601 est applicable en tout état de chose, c'est-à-dire, aussi bien au cas où l'usufruit porte sur les biens de la réserve, qu'à celui où il ne porte que sur la quotité disponible elle-même?

Nous ne saurions admettre la même solution pour les deux cas indifféremment.

En déterminant le *quantum* du disponible, l'art. 1094 établit, pour les libéralités, des limites infranchissables, et impose par là, au disposant, l'obligation de respecter la réserve tout entière. Arrivant à l'art. 1099, le législateur décide que les époux ne pourront se donner indirectement rien au delà du disponible.

En d'autres termes, la loi veut de la manière la plus

formelle, la plus absolue que, quelles que soient les conditions dans lesquelles la libéralité se présente, elle ne pourra, jamais et dans aucun cas, porter la moindre atteinte aux droits inviolables des réservataires.

Or, nous le demandons, dispenser l'usufruitier de fournir caution, n'est-ce pas exposer le réservataire à la perte partielle et même totale de ses droits si surtout, l'usufruit porte sur des créances ou sur une somme d'argent?

N'est-ce pas offrir au disposant le moyen facile de gratifier indirectement ou frauduleusement son conjoint plus avantageusement que la loi ne le permet?

Nous avouons que l'obligation de donner caution peut paraître blessante, et pour le légataire qu'elle accuse à l'avance d'une gestion infidèle ou tout au moins négligente, et pour le disposant lui-même qu'elle condamne à une prudence de rigueur. Mais, qu'est-ce à dire? faudra-t-il ménager la susceptibilité de l'usufruitier, au grand préjudice des réservataires, alors que de nombreux procès prouvent d'une manière lamentable que les droits du nu-propriétaire ont besoin, pour être sauvegardés, d'une protection plus efficace que celle qu'il trouve dans la garantie morale de l'usufruitier?

Faudra-t-il compromettre, au mépris de la loi, les droits des héritiers à réserve, pour respecter une volonté désastreuse et souvent irréfléchie?

Lorsque c'est le père qui est le gardien de la fortune commune, passe encore! Nous comprendrions alors, jusqu'à un certain point, que l'on trouvât dans les considérations morales, sur lesquelles s'appuie l'opinion contraire, des raisons assez puissantes, pour chercher à concilier les exigences de la loi avec le respect que les enfants doivent à leurs auteurs. Mais, lorsque les enfants viennent d'un précédent mariage; ou si à défaut d'enfants, les héritiers à réserve étaient les ascendants du disposant, sur quoi se fonderait-on pour accorder à l'usufruitier, totalement étranger à la famille de son conjoint, les égards et la haute considération auxquels la dignité paternelle a seule le droit de prétendre? A quelle source, cet étranger, puiserait-il les sentiments d'affection et de tendresse sur lesquels on veut faire reposer la confiance illimitée qu'il doit inspirer aux réservataires ?

Comme on le voit, les considérations morales sont impuissantes à résoudre la question. En tout cas, il ne s'agit pas ici du respect que l'enfant doit à son père, mais du respect que tout le monde doit à la réserve légale, à cette portion de biens indisponible que la loi protège si efficacement en la mettant à l'abri de toutes les éventualités possibles.

Il n'est donc pas admissible que, par son art. 601, le législateur ait voulu livrer cette même réserve à la merci d'un étranger, et exposer ainsi l'héritier du sang à voir convertir le plus légitime de ses droits en une amère déception.

Nous reconnaîtrons, en conséquence, que la dispense de donner caution dont parle l'art. 601, ne peut être admise que dans le seul cas où l'usufruit ne grève pas la propriété de la réserve.

Proudhon, t. II, n° 824 ; Zachariæ, t. II, § 226, p. 8; Marcadé, sur l'art. 1094, n° 4 ; Devilleneuve, 40, 2, 316 et 44, 2, 161 ; Bonnet, Disposit. par cont. de mariage et entre époux, t. III, n° 1046 ; Massé et Vergé sur Zachariæ, t. II, p. 130 ; Demolombe, t. X, n° 493 ; Dalloz, V°, dispos. entre-vifs et testam., n° 861.

Toulouse, 23 nov. 1808 (D. P. 9, 2, 108);
Nancy, 21 mai 1825 (D. P. 26, 2, 130) ;
Douai, 20 mars 1833 (D. P. 33, 2, 188) ;
Paris, 9 nov. 1836 (D. P. 37, 2, 88) ;
Bourges, 29 juin 1841 (S. V. 45, 2, 500) ;
Toulouse, 27 nov. 1841 (D. P. 42, 2, 48);
Rouen, 24 fév. 1842 (D. P. 44, 2, 63) ;
Douai, 18 mars 1842 (S. V. 43, 2, 9) ;
Rouen, 17 fév. 1844 (S. V. 44, 2, 127) ;
Rouen, 2 fév. 1855 (D. P. 56, 2, 51) ;
Chateaudun, 11 déc. 1857 (D. P. 59, 2, 180) ;
Orléans, 23 fév. 1860 (D. P. 60, 2, 101);
Contra, Troplong, N° 2576; Demante, cours analyt., t. II, N° 442 *bis*.

Orléans, 19 déc. 1822 (D. A. 12, 805, 1) ;
Rouen, 13 juin 1840 (D. P. 40, 2, 199) ;
Cass., 17 mai 1843 (D. P. 43, 1, 292) ;
Limoges, 8 août 1843 (D. P. 45, 2, 32) ;
Paris, 8 mai 1845 (D. P. 52, 5, 549) ;
Limoges, 9 juillet 1846 (D. P. 46, 2, 171) ;
Paris, 3 mars 1849 (D. P. 49, 2, 211) ;
Bordeaux, 12 avril 1851 (D. P. 52, 2, 124) ;
Rennes, 3 juillet 1851 (D. P. 52, 5, 548) ;
Bordeaux, 16 août 1853 (D. P. 54, 2, 22) ;
Rouen, 2 fév. 1855 (D. P. 56, 2, 51) ;
Paris, 21 mai 1859 (D. P. 59, 2, 180) ;
Cass., 12 mars 1862 (D. P. 62, 1, 128) ;
Bourges, 16 déc. 1862 (D. P. 63, 2, 17).

SECTION II

Des différents cas où l'époux est seul donataire ou légataire de la quotité disponible.

XVIII. — CAS OU LE DISPOSANT NE LAISSE POINT D'HÉRITIERS A RÉSERVE. — Si le disposant ne laisse aucun héritier à réserve, c'est-à-dire, ni ascendants ni descendants, la quotité disponible embrasse la totalité des biens. (Art. 916, 1094).

Quel est le maximum du disponible, lorsque le disposant ne laisse aucun héritier à réserve?

XIX. — CAS OU LE DISPOSANT LAISSE DES ASCENDANTS. — Si le disposant ne laisse pas de descendants, mais des ascendants, il peut donner à son conjoint la quotité disponible déterminée par l'art. 915, avec l'usufruit de la portion réservée aux ascendants. (Art. 1094).

Id., lorsqu'il ne laisse que des ascendants?

Ainsi, celui qui laisse des ascendants dans les deux lignes, peut donner à son conjoint la moitié en pleine propriété, et celui qui ne laisse des ascendants que dans une ligne, peut donner les trois quarts. Dans l'un comme dans l'autre cas, la libéralité peut comprendre, en outre, l'usufruit de de la portion revenant aux ascendants.

Les ascendants autres que le père et la mère ont-ils droit à une réserve, lorsqu'il existe des frères et sœurs ou des descendants d'eux ?

1. — L'art. 915 établit une réserve au profit *des ascendants*. De plus, l'art. 916 n'autorise le don de la totalité des biens que dans le cas où il n'existe ni *ascendants* ni *descendants*.

De ce que les grands-pères et les grand'mères ou les autres aïeux sont aussi bien des ascendants que le père et la mère, le texte de la loi semble ne faire aucune distinction entre les uns et les autres ; mais ce n'est là qu'un vice de rédaction. Car, il résulte clairement des dispositions des articles 746 et 750 que les ascendants autres que le père et la mère n'ont droit à aucune réserve, lorsqu'il existe des frères et sœurs ou des descendants d'eux. Ainsi, celui qui laisse soit des frères ou sœurs, soit des neveux germains, avec des aïeux, peut donner à son conjoint la totalité de ses biens.

Quid, si les frères et sœurs ou leurs descendants renonçaient tous à la succession ?

2. — Comme on vient de le voir, la présence des frères et sœurs ou de leurs descendants exclut de la réserve, les ascendants autres que le père et la mère du disposant. Mais si les frères et sœurs ou leurs descendants renonçaient tous à la succession, les ascendants autres que le père et la mère, seraient-ils également exclus de la réserve ?

Nous avons décidé (*supra* N° XV — 1) qu'au point de vue de l'hérédité, l'héritier qui renonce est censé n'avoir jamais existé. (Art. 785). En conséquence, si les frères ou sœurs du disposant ou leurs représentants renoncent à la succession, le conjoint ne peut recevoir, s'il existe des ascendants, que le disponible déterminé par l'art. 915, et cela sans distinction entre le cas où les ascendants sont les père et mère, et celui où ce sont des aïeux.

Quel est le *maximum* du disponible lorsque le disposant laisse des enfants ou des descendants ?

XX. — CAS OÙ LE DISPOSANT LAISSE DES ENFANTS ISSUS DE SON MARIAGE AVEC LE CONJOINT DONATAIRE. — La quotité disponible entre époux ne varie pas, comme la quotité disponible ordinaire, d'après le nombre des enfants. Qu'il y ait un seul enfant ou qu'il y en ait plusieurs, le disposant peut toujours donner à son conjoint, soit un quart en propriété et un quart en usufruit, soit moitié en usufruit, selon qu'il juge convenable de donner l'un ou l'autre. (Art. 1094).

XXI. — CAS OU LE DISPOSANT LAISSE DES ENFANTS ISSUS D'UN PRÉCÉDENT MARIAGE. — Si le disposant laisse des enfants ou des descendants d'eux (art. 914), issus d'un mariage antérieur, il ne peut donner, à son conjoint, qu'une part d'enfant légitime le moins prenant, et sans que, dans aucun cas, la libéralité puisse excéder le quart des biens. (Art. 1098).

Quel est le maximum du disponible lorsque le disposant laisse des enfants issus d'un précédent mariage ?

1. — A supposer donc que le disposant laisse cinq enfants (1), l'époux donataire ou légataire de la quotité disponible, prendra le sixième des biens (2) ; s'il n'en laisse qu'un ou deux, le disponible embrassera, non la moitié ou le tiers, mais seulement le quart.

Comment calcule-t-on la part de l'enfant qui prend le moins ?

S'il arrivait que l'un des enfants eût été avantagé par préciput, ce n'est pas sur sa part qu'on doit calculer le disponible donné au conjoint; mais sur celle de l'enfant qui reçoit le moins. En d'autres termes, on prélève ce qui a été donné à titre de préciput, et le surplus se partage entre le conjoint et les enfants. Toutefois, il ne faut pas perdre de vue que la portion revenant au conjoint ne doit jamais excéder le quart de la succession.

2. — Mais le mode d'opérer serait-il le même, si la libéralité était excessive et par conséquent susceptible de réduction ?

Quid, si la libéralité était susceptible de réduction ?

(1) Il va sans dire que ne comptent pas les enfants morts sans descendants avant le disposant, ni les enfants naturels, ni les enfants adoptifs; mais on doit compter les enfants légitimés. En ce qui concerne les enfants renonçants et les indignes, ils sont censés n'avoir jamais existé, et par suite ils ne sauraient influer sur le calcul du disponible. (Comp. supra N° XV — 1, 2).

Nous ferons remarquer également que si le disposant laissait des petits enfants issus d'un fils unique prédécédé et né d'un autre lit, les petits enfants ne seraient comptés que pour l'enfant qu'ils représentent dans la succession. Les petits enfants succéderaient bien de leur chef personnel, et par tête; mais le prédécès de leur père ne peut porter aucune atteinte aux droits du conjoint donataire.

Toullier, t. V, N° 877.

Il en serait de même, si le disposant laissait un fils vivant qui, ayant des enfants, aurait renoncé à la succession. (Art. 914).

(2) Dans le partage, l'époux donataire doit compter pour un enfant.

D'après M. Troplong (n° 2706, 2707). Dès là que la libéralité est excessive, elle devient sujette à réduction. Et comme l'art. 921, décide en termes formels que la réduction ne peut profiter ni au donataire ni au légataire, il faudra l'attribuer tout entière aux enfants réservataires à l'exclusion du conjoint.

Voici, d'ailleurs, l'exemple choisi par l'éminent jurisconsulte :

« Titius, remarié en secondes noces, a laissé quatre enfants d'un premier mariage ; il institue sa femme son héritière universelle par contrat de mariage, et décède ayant 80,000 fr. de biens. »

« Le quart disponible est de 20,000 fr., la réserve est de 60,000 fr.; cette réserve, partagée entre les quatre enfants, donne 15,000 fr. pour chacun. La part d'enfant le moins prenant sera donc de 15,000 fr., et l'institution universelle de la femme, qui, si elle eut été faite à un étranger eût pu comprendre les 20,000 fr. disponibles, sera réduite à 15,000 fr. Les 5,000 fr. restants seront partagés entre les enfants et augmenteront la part de chacun de 1,250 fr. En résultat, les enfants auront pour part dans la

réserve. . . . . 15,000 fr.
Pour part dans la réduction.. 1,250
                                          ————
                     Au total. . . . . 16,250 fr.

« La femme devra se contenter de 15,000 fr. seulement. »

Il est incontestable que la réduction exercée contre le donataire ne peut, dans aucun cas, profiter à d'autres qu'aux héritiers à réserve ; car, profiter de la réduction, c'est profiter de la réserve elle-même. Or, la loi interdit formellement, au donataire, toute participation à la réserve. C'est là un point indiscutable. Mais, l'héritier à réserve peut-il demander au-delà de sa réserve ? peut-il obtenir un retranchement plus fort que celui qui est autorisé par la loi ?

Dans l'exemple cité, la libéralité est excessive, il faut par conséquent la réduire. Rien de mieux. Mais dans quelle proportion doit-on opérer cette réduction ? Pourquoi recourir au tarif de l'art. 913, applicable seulement à des tiers, alors que l'art. 1098 en établit un tout spécial à notre cas? Notre article accorde au donataire une part *égale* à celle qui revient à l'enfant le moins prenant ; puis il ajoute que, dans aucun cas, le donataire ne pourra recevoir une part excédant le quart des biens. Voilà qui est clair.

Or, tout système qui détruit l'égalité entre le donataire et l'enfant le moins prenant, n'est-il pas complètement incompatible avec les dispositions de la loi?

Ainsi, l'argument tiré de l'art. 921 ne justifie nullement la méthode que nous combattons.

Mais, après avoir invoqué les dispositions de l'art. 921, M. Troplong s'exprime ainsi ; « De plus, lorsque l'époux a contrevenu à la loi en donnant plus qu'une part d'enfant, son conjoint, qui doit être considéré comme complice de cette contravention, doit en être puni ; et cette peine est le retranchement de l'excédant pour en faire tourner le profit exclusif aux enfants. Lorsqu'au contraire un époux donne à l'autre une part d'enfant, il se conforme à la loi. Le donataire qui n'a pas voulu avoir plus que la loi ne le permet, est favorable ; et pour suivre à la fois et la prescription de la loi et l'intention du donateur, il faut le traiter absolument comme l'enfant le moins prenant. »

« Il est donc raisonnable que dans deux cas si différents les résultats ne se ressemblent pas, et que le donataire ne recueille pas les mêmes avantages. »

Le disposant qui donne plus que la loi ne permet, commet, si l'on veut, une infraction à la loi ; mais, la seule, l'unique peine que cette infraction comporte, c'est la réduction de sa libéralité au *quantum* du disponible, rien de plus, rien de moins.

En tout cas, serait-il rationnel de rendre la femme complice de la contravention que le mari commet en faisant une libéralité excessive ?

Supposons un époux qui, possédant 200,000 fr en espèces, et ayant quatre enfants d'un premier lit, donne par contrat de mariage à son second conjoint, une somme fixe de 20,000 fr. à prendre sur les biens de sa succession. 20,000 fr. représentant, ici, juste la moitié de la part de l'enfant le moins prenant, la libéralité est loin d'être excessive. Donc, il n'y a pas contravention de la part du donateur, et par suite, il ne saurait y avoir complicité de la part du conjoint donataire. Mais, plus tard, le donateur fait de fausses spéculations, de telle sorte que, son patrimoine qui naguères était encore de 200,000, ne se monte plus, au décès, qu'à 80,000.

Dès lors que la libéralité devient ainsi excessive, il y a nécessairement infraction à la loi, il y a contravention, voilà qui est incontestable. Mais, où serait, dans l'espèce, la criminalité ? et si la criminalité n'existe pas, sera-t-on fondé à profiter d'un évènement malheureux pour dépouiller et flétrir un conjoint qui aura même été complètement étranger, aux dispositions généreuses de son mari à son égard ?

De toute manière, le système que nous combattons n'est pas soutenable ; il n'est pas plus en harmonie avec la loi qu'avec l'équité.

Il faudra donc, si l'on veut remplir le vœu du législateur, ne faire aucune distinction entre le cas où la libéralité est excessive, et celui où elle ne l'est pas ; car, ainsi que nous croyons l'avoir démontré, la loi veut que la quotité disponible soit une et invariable dans tous les cas.

En conséquence, quelle que soit la libéralité, on devra la partager entre les enfants et l'époux donataire en comptant celui-ci pour un enfant, sans oublier, toutefois, que la part du conjoint ne doit jamais excéder le quart des biens.

Ainsi, supposons cinq enfants, un patrimoine de 60,000 fr. et le conjoint donataire d'une somme de 15,000 fr.

Le sixième de 60,000 étant 10,000, et ce dernier chiffre étant inférieur au quart du premier, la donation devra être réduite de 5,000 fr.

Les cinq enfants prendront donc chacun 10,000 fr. et le conjoint recevra une somme égale.

Comme on le voit, en opérant ainsi, nous restons dans les termes de l'art. 921, puisque nous accordons la réduction tout entière aux enfants réservataires ; et nous nous conformons aux dispositions de l'art. 1098, car aucun des enfants ne reçoit une part inférieure à celle prise par le conjoint.

Passons au cas où la libéralité dépasse le quart de la succession.

Supposons deux enfants, un patrimoine de 60,000 fr. et le conjoint donataire de 20,000 fr.

Le tiers de 60,000 fr. est 20,000 fr.; mais comme ce chiffre dépasse le quart du patrimoine, qui ne s'élève qu'à 15,000 fr., le conjoint subira une réduction de 5,000 fr., laquelle passera dans la réserve.

Ainsi, le conjoint recevra 15,000 fr. maximum du disponible, et chacun des deux enfants 22,500 fr.

Il nous reste à examiner une troisième hypothèse, celle où les enfants prennent des parts inégales, c'est-à-dire celle où l'un d'eux aurait été gratifié à titre de préciput en même temps que le conjoint en secondes noces. (Voir ce que nous disons à ce sujet sous le nº XXIX *infra*).

3. — La question de savoir si l'époux ayant des enfants d'un premier lit, peut disposer d'autant de parts d'enfant qu'il peut contracter de nouveaux mariages, jusqu'à épuisement de la portion disponible ordinaire, a été controversée. Cependant, il est de doctrine définitivement établie que lorsqu'une part d'enfant a été épuisée en faveur d'un précédent conjoint, on ne peut plus rien donner au conjoint subséquent. De la théorie que nous avons établie sous nº XIV — 2, il résulte que lorsque le tarif du disponible ordinaire est plus élevé que le tarif du disponible entre époux, le disposant ne peut donner à son conjoint que jusqu'à concurrence du tarif le moins étendu.

En cas de plusieurs convols, le disponible peut-il être donné successivement à chacun des subséquents conjoints?

Il y a donc lieu de décider que les époux en secondes ou subséquentes noces ne peuvent recevoir, entre eux tous, qu'une part d'enfant le moins prenant.

Toullier, t. V, nº 882; Delvincourt, t. II, p. 438;

Grenier, nº 712; Marcadé sur l'art. 1098, n° 3;

Vazeille, nº 10; Troplong, nº 2720.

Contra. — Duranton, t. IX, nº 804.

— 62 —

A qui appartient l'action en réduction ?

4. — La restriction apportée par l'art. 1098 étant spéciale au seul cas où le disposant laisse des enfants ou des descendants d'un lit précédent, le droit de faire réduire les libéralités excessives n'appartient qu'à ces mêmes enfants.

Toutefois, le retranchement profite aussi bien aux enfants du second mariage qu'à ceux du premier.

Ainsi, dans le cas où les enfants ou descendants nés du précédent mariage viendraient à prédécéder ou à renoncer à la succession du disposant, les enfants du subséquent mariage n'auraient point qualité pour intenter la demande en réduction au *quantum* établi par l'art. 1098; car, la libéralité serait alors régie par l'art. 1094 (1).

M. Boutry (n° 449) fait remarquer avec raison que l'action en réduction n'appartient pas aux enfants qui auraient été adoptés avant le second mariage.

L'art. 1098 n'est applicable, en effet, qu'au cas où il existe des enfants *nés* en mariage.

Quelles sont les libéralités que peut faire, par contrat de mariage, l'époux non majeur ?

XXII. CAS OU LE DISPOSANT EST MINEUR. — L'époux mineur peut donner, par contrat de mariage, à son conjoint, la même quotité de biens que s'il était majeur. Mais pour que sa donation soit valable, il est indispensable qu'elle soit faite avec le consentement et l'assistance des personnes dont l'approbation est requise pour la validité du mariage. (Art. 1095).

Ainsi, quel que soit son âge, le mineur peut, par contrat de mariage, donner à son conjoint, telle quotité de biens qu'il lui plaira, à la condition, toutefois, qu'il aura été reconnu habile à contracter mariage (2), et qu'il aura

(1) Il va sans dire que si les enfants du premier lit faisaient cession de leurs droits à des tiers, ceux-ci auraient qualité pour demander la réduction, et les enfants du second ou subséquent mariage seraient ainsi fondés à réclamer leur part du retranchement. (Troplong, comm. du cont. de mar., n° 2228, 2229).

(2) Il faut qu'il ait l'âge compétent, non-seulement au jour de la célébration du mariage, mais encore à la date du contrat.

(Voir la note sous le n° 1—2).

àgi avec l'autorisation expresse de ceux dont le consentement est nécessaire pour la validité de son mariage, c'est-à-dire avec l'autorisation des personnes désignées dans les art. 148, 149, 160 (1).

Remarquons que nonobstant le mot *assistance* écrit dans la loi, la présence réelle des parents au contrat n'est pas de rigueur; ils peuvent donner leur consentement au mariage, par acte notarié, ou se faire représenter par un mandataire spécial en vertu d'une procuration authentique établissant les clauses du contrat, et désignant la personne que le mineur doit épouser. En effet, le but de la loi ne serait pas rempli si, au lieu d'un mandat énumérant et précisant les clauses et conditions du contrat de mariage, on donnait un mandat vague et indéfini. (Troplong, n⁰ˢ 2625 et suiv.)

Quid, pendant le mariage ?

1. — Une fois marié, le mineur ne peut plus, tant que dure sa minorité (2), disposer par acte entre-vifs. Il rentre alors sous la loi commune, de telle sorte que, s'il n'a pas

_____

(1) Bien que le mineur soit sous la tutelle d'un autre que son père, sa mère ou ses aïeuls, ce sont eux, s'ils existent, qui doivent donner le consentement. Lorsqu'à défaut d'ascendants, c'est le conseil de famille qui est appelé à consentir au mariage, il est indispensable que les six membres qui doivent le composer (art. 407 et suiv.), soient tous convoqués par une citation, car, s'il arrivait qu'il y eût des membres absents, le défaut de citation rendrait nulle la délibération, lors même qu'elle aurait été prise par les trois quarts d'entre eux, en conformité de l'art. 415 ; mais une fois la convocation générale régulièrement faite, la non-comparution de quelques membres (un quart au plus) n'est pas un obstacle à la validité de la délibération. Il n'est pas nécessaire, d'ailleurs, que les trois quarts des membres concourent à la délibération; il suffit qu'ils soient présents et que la majorité absolue ait délibéré à l'unanimité des voix.

Aix, 10 mars 1810, (S. V, 40, 2, 316).

Duranton, t. III, n° 106 ; Marcadé, t. II, p. 220.

Contra, Toullier, t. II, n° 1121 ; Proudhon, t. II, p. 191 ; Zacharia, t. I, § 90, p. 195.

Disons enfin que la délibération du conseil de famille doit être spéciale, et qu'elle doit relater les différentes stipulations à insérer dans le contrat de mariage. S'il arrivait que l'on fût obligé d'y apporter quelque changement, une nouvelle délibération deviendrait indispensable. (Troplong, n° 2620).

(2) On cesse d'être mineur à vingt et un ans révolus. (Art. 488).

seize ans accomplis, il ne peut faire aucune libéralité ; et lorsqu'il est parvenu à cet âge, il peut, mais par testament seulement, donner à son conjoint la moitié de ce qu'il pourrait lui donner s'il était majeur. (Art. 903, 904).

Ainsi, serait nulle la donation entre-vifs faite pendant le mariage, par l'époux mineur à son conjoint, alors même que la disposition n'aurait pour objet que les biens que l'époux donateur laissera à son décès. Une pareille donation a beaucoup d'analogie avec une disposition testamentaire, mais elle n'en est pas moins une disposition entre-vifs, et elle tombe dès-lors sous la prohibition faite par l'art. 903.

Paris, 10 nov. 1820 (S. 24, 2, 351) ; Cass., 12 avril 1843 (S. V. 43, 1, 273).

Toullier, t. V, n° 925 ; Duranton, t. VIII, n° 184 ; Grenier, t. II, n° 461 ; Poujol, art. 904, n° 4, et art. 1096, n° 3 ; Coin-Delisle, art. 904, n° 16, et art. 1096, n° 9 ; Marcadé, n° 1.

Contra, Delvincourt, t. II, p. 197 ; Vazeille, art. 904, n° 2.

Quid, lorsque le disposant mineur décède en état de majorité ?

2. — La loi n'accordant au mineur qu'une capacité restreinte, et l'effet des libéralités étant subordonné à la capacité du disposant au moment où elles sont faites, il en résulte que la majorité acquise après la confection du testament, ne change rien à la situation.

Grenoble, 7 juillet 1811, S. 13, 2, 4 ; Cass., 30 août 1820, S. 20, 1, 442 ; Orléans, 7 avril 1848, Devill., 51, 2, 409.

Merlin, Rép. V° test., t. XVII, p. 641 ; Toullier, t. V, n° 88 ; Duranton, t. VIII, n° 175, 188 ; Troplong, n° 591.

Quelle est la méthode à suivre pour partager la succession d'un mineur qui a légué la portion disponible de ses biens ?

3. — L'art. 904 est ainsi conçu : « Le mineur parvenu à l'âge de 16 ans ne pourra disposer que par testament, et jusqu'à concurrence seulement de la moitié des biens dont la loi permet au majeur de disposer. » Or, si celui qui dispose en état de majorité, fait une libéralité qui porte sur son entier patrimoine, celui qui dispose en état de minorité, fait une libéralité qui ne porte que sur la moitié seulement. En effet, que l'on calcule le disponible, d'abord sur la totalité des biens, et qu'on en prenne en-

suite la moitié ; ou bien qu'on calcule le disponible immédiatement sur la moitié des biens, le résultat ne change
pas. Prenons un exemple : Paul lègue à Jacques le quart
de ses biens qui sont d'une valeur de 24,000 fr. En calculant sur l'entier patrimoine, on détermine le *quantum* du
disponible par le raisonnement que voici : Si le testateur
avait été majeur, il aurait pu disposer du quart de ses
biens, soit de 6,000 fr. ; mais comme il était mineur, il n'a
pu disposer que de la moitié de ce quart (3,000).

Et en calculant sur la moitié du patrimoine, on dira : Si
le testateur avait été majeur, sa libéralité porterait sur son
entier patrimoine, soit sur 24,000 fr., mais comme il était
mineur, sa libéralité ne porte que sur la moitié, soit sur
12,000 fr., dont le quart est de 3,000 fr.

Ces deux systèmes sont aussi bien applicables l'un que
l'autre, puisque tous les deux conduisent au même résultat. Cependant, le dernier nous paraît préférable, car il a
sur l'autre, l'avantage de faire disparaître les complications
que la minorité du disposant peut engendrer dans certains
cas.

Mais avant de faire ressortir les avantages que présente
notre système, complétons la théorie sur laquelle il repose.

Nous admettrons donc comme point indiscutable que,
lorsque le disposant est mineur, sa libéralité ne porte que
sur la moitié de sa succession. Or, il est de toute évidence
que la libéralité qui n'a d'effet que sur la moitié de la succession, laisse l'autre moitié sous l'application des dispositions de la loi relatives aux successions qui s'ouvrent *ab
intestat*. Ainsi, la succession du mineur qui décède après
avoir légué la quotité disponible de ses biens, se divise en
deux portions égales, dont l'une, devant rester soumise
aux règles des successions *ab intestat*, et l'autre, devant
subir l'entier effet des dispositions du testateur, tout
comme s'il s'agissait d'un testament fait par une personne
en âge de majorité. Exemple :

Paul, âgé de seize ans accomplis, meurt après avoir légué
la quotité disponible à sa femme, et laissant pour héritiers

5

sa mère et un oncle paternel. Sa succession est composée de biens évalués 24,000 fr.

Moitié de la succession ou 12,000 fr. doivent être distribués, d'après l'art. 753, de la même manière que si la succession s'était ouverte *ab intestat*. Nous en attribuerons donc moitié à la ligne paternelle représentée par l'oncle, ci . . . . 6,000 fr.

Et moitié à la ligne maternelle représentée par la mère, ci . . . . 6,000 fr.

Arrivant à l'autre moitié de la succession, c'est-à-dire à celle régie par les dispositions testamentaires, nous la distribuerons de conformité aux art. 915, 1094, savoir:

1° Un quart à réserve à la mère, ci . . . . 3,000 fr.

2° Les trois quarts restant à la femme, ci . . 9,000 fr.

Celle-ci recevra, en outre, l'usufruit du quart retiré par la mère.

Au premier abord, notre formule semble ne présenter aucune utilité pratique, et l'on se demande facilement pourquoi on l'emploierait de préférence à la méthode connue qui consiste à faire d'abord le calcul, comme s'il s'agissait d'un majeur, et à prendre ensuite la moitié.

Sans doute, ce dernier système est aussi simple que le nôtre, toutes les fois qu'on l'applique à des cas qui ne présentent aucune complication ; mais, lorsque le calcul, soit de la portion disponible, soit de la portion indisponible (1), est difficile à établir, ce système est totalement insuffisant, notamment s'il est employé par une personne peu versée dans la science du droit.

Un exemple suffira pour mettre en lumière les avantages qu'offre notre méthode :

Paul, âgé de seize ans révolus, meurt après avoir institué son père légataire universel, et laissant deux oncles dans la ligne maternelle, et un patrimoine de 24,000 fr.

_____

(1) Il est des cas où le partage de la portion indisponible présente des difficultés sérieuses ; celui, par exemple, où il s'agit d'un mineur qui décède, laissant sa femme légataire universelle en présence d'un enfant naturel, d'un ascendant dans une ligne, et de collatéraux dans l'autre ligne.

Si l'on suit la méthode ordinaire, on se trouve immédiatement en présence d'une question de principe qui ne se produit pas dans notre système. En effet, pour faire l'application de la première formule, il faut commencer par établir le *quantum* du disponible, comme si Paul avait testé en majorité, et prendre ensuite la moitié de cette quotité.

Mais de quoi aurait pu disposer Paul majeur? Est-ce des trois quarts ou bien de la totalité?

Pour l'homme initié aux difficultés de la loi, la question est peu embarrassante; mais, pour le simple praticien, pour quiconque parcourt à tâton les sinueux sentiers de la science, il y a doute, hésitation d'abord, et solution erronée ensuite. Voici, d'ailleurs le raisonnement qui se présente naturellement à l'esprit :

Si Paul avait été majeur, il n'aurait eu à respecter que la réserve du quart revenant à son père, et par suite, il aurait pu disposer des trois quarts restants. (Art. 915). Or, il est mineur ; donc il n'a pu donner que la moitié de cette quotité, c'est-à-dire les trois huitièmes.

Puis, une fois le disponible ainsi établi, il partagera les ⅝ restants, par moitié entre le père et les parents de la ligne maternelle, par application de l'art. 753.

Il est clair que, si au lieu d'être en concours avec des oncles ou avec tout autre parent à un degré plus éloigné, le père légataire du disponible se trouvait en concours avec des frères ou sœurs, ou descendants d'eux, l'erreur ne serait possible pour personne ; car, alors, les droits du père resteraient invariablement fixés au quart, aussi bien dans le calcul de la quotité disponible, que dans le calcul de la quotité indisponible. (Art. 751-915). Mais dans l'espèce proposée, ces droits varient selon que le père est mis en présence d'un légataire du disponible, autre que lui-même, ou qu'il vient au partage de la succession, avec les collatéraux de la ligne maternelle.

Dans le premier cas, il prend un quart comme réservataire (art. 915), et dans le second, il prend moitié en qualité d'héritier. (Art. 753).

Il est donc certain que dans l'espèce ci-dessus, la méthode ordinaire nous laisse aux prises avec la difficulté, nous dirons plus, elle provoque, en quelque sorte, l'erreur dans laquelle nous entraîne le raisonnement que nous avons suivi. Tandis que, en employant la formule que nous proposons, on fait disparaître la minorité du testateur, et on ramène ainsi l'opération aux règles ordinaires du droit.

En faisant l'application de notre méthode à l'espèce proposée, on commencera par partager la moitié du patrimoine, d'après les art. 753, 754, et on attribuera : 1° au père, moitié en pleine propriété (6,000 fr.), et l'usufruit du tiers de l'autre moitié ; 2° et aux oncles maternels, la moitié restante (6,000 fr.), dont 2,000 fr. grevés d'usufruit. Arrivant ensuite à l'autre moitié de la succession, à celle régie par le testament, on la donnera tout entière au père en sa qualité de légataire universel.

Comme on le voit, notre méthode est entièrement conforme à la lettre et à l'esprit de la loi. De plus, elle est fort simple, et parfaitement applicable à toutes les dispositions qui peuvent être faites dans le cas prévu par l'art. 904.

SECTION III

Des différents cas où l'époux est donataire ou légataire conjointement avec d'autres personnes.

XXIII. — RÈGLES FONDAMENTALES. — Lorsque le disposant appelle, au partage de la portion disponible de ses biens, son conjoint concurremment avec un tiers (un enenfant ou un étranger peu importe), la loi n'est pas toujours d'une application très facile.

Les difficultés viennent de ce que, par les dispositions de l'art. 1094, le législateur a modifié, à l'égard des époux, le tarif de la quotité disponible ordinaire déterminé par les art. 913, 915, en assignant au disponible entre époux des limites qui sont tantôt plus étendues, et tantôt plus restreintes que celles du disponible ordinaire.

Cependant, voici les règles qui dominent en doctrine et en jurisprudence :

1. — Le disponible ordinaire ne peut jamais être donné cumulativement avec le disponible entre époux. En d'autres termes, le disposant ne peut jamais donner, au préjudice de ses héritiers à réserve, que l'un ou l'autre des deux disponibles (1).

2. — L'art. 1094 étant spécial aux époux, ses dispositions extensives ne peuvent profiter à d'autres qu'au conjoint du disposant; de même que dans le cas où le disposant n'a qu'un seul enfant, les limites de cet article ne peuvent pas être dépassées en faveur du conjoint (2);

3. — Lorsque les deux disponibles sont donnés successivement par deux actes distincts et produisant leur effet à leurs dates respectives, il y a lieu d'examiner si la donation faite au tiers a précédé ou suivi celle faite au conjoint.

Dans le cas où la donation faite à l'étranger est antérieure à la donation faite au conjoint, si le *maximum* du disponible entre époux n'est pas épuisé par la première donation, le disposant peut donner à son conjoint le complément de l'art. 1094.

Toullier, t. V, n° 871 ; Duranton, t. IX, n° 764 ; Delvincourt, t. II, p. 221 ; Dalloz, V° Port. disp., n° 269 et suiv.; Proudhon, t. I, n° 360 ; Bayle-Mouillard sur Grenier, t. IV, p. 117 ; Zachariæ, § 689, t. V, p. 209 ; Troplong, n° 2597.

4. — Dans l'hypothèse où la donation faite à l'étranger est postérieure à la donation faite au conjoint, si le *maximum* du disponible ordinaire n'est pas épuisé par la première disposition, le disposant peut en donner le complément à l'étranger, mais si elle l'absorbe en entier, le disposant ne peut plus rien donner à l'étranger.

Il est clair, en effet, qu'une fois que l'on a épuisé, en faveur de son conjoint, la portion entière que la loi per-

_____

(1) V. *supra*, n° XIV—1.
(2) V. *supra*, n° XIV—2.

Peut-on épuiser les deux quotités disponibles cumulativement ?

Le disposant peut-il, toujours et dans tous les cas, épuiser le disponible le plus étendu ?

Quid, lorsque la donation faite à l'époux, est postérieure à la donation faite à une tierce personne ?

Quid, lorsque la donation faite à l'époux, est antérieure à la libéralité faite à une tierce personne ?

met de donner à un tiers, on ne peut plus rien donner à ce tiers.

C'est là une conséquence toute naturelle du principe incontestable que le bénéfice des dispositions extensives de l'art. 1094 ne peut être invoqué par personne autre que le conjoint. (Voir les développements donnés sous le n° XXVIII—1).

Duranton, t. IX, n° 706; Proudhon, t. I, n° 360 ; Coulon, quest. de dr., t. V. p. 521; Coin-Delisle, n° 16; Bayle-Mouillard sur Grenier, t. IV, 118; Grenier, n° 584; Merlin, Rép. V° Réserve, Sect. 1, § 2, n° 18; Troplong, n° 2599 et suiv.

Rej. 21 juil. 1813, S. 13, 1, 441; Rej. 7 janv. 1824, S. V. 33, 1, 506; Agen, 30 août 1831, S.V. 32, 2, 148 ; Limoges, 26 mars 1833, S. V. 33, 2, 278; Aix, 18 avril 1836, S. V. 36, 2, 421; Rej. 21 mars 1837, S. V. 37, 1, 273; Cass. 24 juil. 1830, S.V. 39, 1, 633; Besançon, 7 fév. 1840, S.V. 40, 2, 105; Douai, 24 fév. 1840, S.V. 40, 270; Rej. 22 nov. 1843, S.V. 44, 1, 69; Riom, 6 mai 1846, Devill. 46, 2, 397; Cass. 24 août 1846, Devill. 47, 1, 39; Paris, 12 janv. 1848, Devill. 48, 2, 79 ; Paris, 17 fév. 1848, Devill. 48, 2, 82; Cass. 27 déc. 1848, Devill. 49, 1, 80; Cass. 7 mars 1849, Devill. 49, 1, 338, 339 (deux arrêts); Orléans, 28 déc. 1849, Devill. 50, 2, 199; Aix, 23 mai 1851, Devill. 51, 2, 703; Agen, 7 janv. 1852, Devill. 53, 2, 210; Toulouse, 23 nov. 1852, Devill. 52, 2, 705; Rej. 11 janv. 1853, Devill. 53, 1, 728; Cass. 2 août 1853, Devill. 53, 1, 728; Bordeaux, 7 déc. 1858, D. P. 63, 2, 125.

Contra, Grenier, n° 584; Benech, p. 185 et suiv.; Marcadé, sur l'art. 1,100, n° 2; Pont, Rev. de législ., t. XVI, p. 215, et t. XIX, p. 261 ; Molinier, Rev. étrang., t. I, p. 10, 3° série; Devilleneuve et Carette, Collect. nouv. 7, 1, 363; Zachariæ, § 689, t. V, p. 209; Toullier, t. V, n° 871 bis; Dalloz, V° disp. entre-vifs et test. n° 851; Delvincourt, t. II, p. 221.

Lyon, 10 fév. 1836, S.V. 36, 2, 177; Grenoble, 13 déc. 1843, S.V. 44, 2, 100.

Les cours de Paris, Toulouse, Agen et Riom s'étaient

prononcées dans le même sens; mais comme on le voit ci-dessus, elles ont abandonné leur doctrine pour se rallier à celle de la cour suprême.

5. — Lorsque les libéralités faites au conjoint et à des tiers sont établies dans le même acte ou sortent à effet à la même date, la masse des libéralités embrasse le disponible le plus étendu, pourvu qu'aucun des donataires ou légataires ne reçoive rien au delà de la portion qui aurait pu lui être assignée d'après le tarif qui le concerne personnellement, si la libéralité lui avait été faite isolément (1).

Toullier, t. V, n⁰ˢ 870 et suiv.; Grenier, n° 584 ; Delvincourt, t. II, p. 731; Guithon, t. II, n° 266; Proudhon, t. I, n⁰ˢ 360 et suiv.; Duranton, t. IX, n⁰ˢ 794 et suiv.; Vazeille, n° 7; Troplong, n° 2606.

Cass. 9 mars 1846, Devill. 46, 1, 801 ; Cass. 23 août 1847, Devill. 47, 1, 840.

Ces principes établis, il faut en faire l'aplication aux différents cas sous lesquels peut se produire la combinaison du tarif de la quotité disponible ordinaire avec le tarif de la quotité disponible entre époux.

___

(1) Suit-il de là que le disposant qui reste dans les limites du disponible le plus étendu, ne peut pas, dans ses différentes libéralités, substituer une portion en usufruit à une portion en nue propriété, et réciproquement, une portion en nue propriété à une portion en usufruit ?

Citons un exemple :

Paul laissant un enfant et un patrimoine de 24,000, meurt après avoir légué 12,000 en nue propriété à sa femme, et l'usufruit de pareille somme à un étranger.

Il est clair que la somme de ces deux legs ne dépasse pas la moitié des biens, quotité dont le testateur pouvait disposer d'après l'art. 913. Mais comme la disposition testamentaire attribue, à la femme, une quotité en nue propriété supérieure à la quotité en pleine propriété dont le testateur pouvait disposer en sa faveur d'après l'art. 1091, cette disposition est-elle susceptible de réduction ?

Comme nous l'établissons sous le n° XVI — 5, notre sentiment est que le père de famille ne saurait être autorisé à récompenser, le réservataire en usufruit de ce qu'il lui ôte en nue propriété. Mais le motif grave de le décider ainsi relativement à la réserve, n'existe certainement pas, lorsque comme dans l'espèce proposée ci-dessus, la transformation s'opère sur la quotité disponible elle-même. En effet, convertir la réserve en un sim-

Quid, lorsque la libéralité faite à l'époux et celle faite à une tierce personne produisent leur effet à la même date ?

XXIV. — Cas où le disposant ne laisse point d'héritiers a réserve. — Nous avons dit sous le N° XVIII que le disposant qui ne laisse aucun héritier à réserve peut, par ses libéralités, épuiser la totalité de son patrimoine.

Ainsi, que les différentes libéralités faites par le disposant soient successives ou simultanées, dès lors que le *decujus* ne laisse point d'héritiers à réserve, elles sortent à effet dans la limite de la totalité des biens qui composent la succession.

XXV. — Cas où le disposant laisse des ascendants. — Nous avons fait connaître sous le N° XIX les règles particulières auxquelles sont soumises les libéralités du disposant qui ne laisse pour héritiers à réserve que des ascendants. Il nous reste à dire ici que l'art. 915 est régi par les mêmes principes que l'art. 913, qu'en conséquence, toutes les fois que, dans notre hypothèse, le conjoint se trouvera en concours avec des étrangers, les libéralités devront être soumises aux règles que nous avons établies sous le N° XXIII ci-dessus.

1. — Ainsi, celui qui ne laisse pour héritier à réserve que des ascendants dans une seule ligne, peut, après avoir donné trois quarts en propriété à une tierce personne (art. 915), donner encore à son conjoint, l'usufruit du quart restant. (Art. 1094). En effet, dans l'espèce, si on épuise le *maximum* du disponible entre époux, la réserve

Comment combine-t-on les deux disponibles, lorsque la libéralité faite au conjoint est postérieure à celle faite à l'étranger ?

ple droit de jouissance temporaire, serait méconnaître complètement le but de l'institution de la réserve qui est de conserver à la famille l'intégrité de la portion indisponible du patrimoine; Mais, dès lors que la libéralité n'entame pas la réserve, nul motif ne saurait s'opposer à ce que le disposant récompensât un légataire, en nue propriété de ce qu'il lui ôte en usufruit, et, réciproquement, en usufruit, de ce qu'il lui ôte en nue propriété.

En conséquence, dans notre espèce, l'étranger recevra l'usufruit des 12,000 fr., et la femme prendra les 12,000 en nue propriété. Nul ne pourrait critiquer cette solution qui ne nuit aux intérêts de personne, et qui est entièrement conforme à la volonté du disposant. (Comp. n° XXVI — 1, 3ᵉ espèce).

de l'ascendant se trouve réduite à un quart en nue propriété.
(Voir *supra* N° XIX).

2. — Mais si, par contre, il avait déjà donné, par exemple,
l'usufruit de tous ses biens à son conjoint, il ne pourrait
pas donner ensuite les trois quarts en nue propriété à une
tierce personne; cette dernière libéralité ne peut comprendre que le complément de l'art. 915, c'est-à-dire un
quart en nue propriété.

Quid, lorsque la libéralité faite au conjoint précède celle faite à l'étranger ?

En effet, si l'usufruit est évalué à la moitié de la propriété (voir à ce sujet ce qui est dit sous le N° XXVII — 1),
la libéralité faite au conjoint est censée comprendre la
moitié des biens en pleine propriété. Et comme d'après
l'art. 915, celui qui laisse un ascendant ne peut donner à
un étranger que les trois quarts de ses biens, la libéralité
faite postérieurement en faveur de l'étranger ne peut plus
comprendre que le complément du disponible de l'art. 915,
c'est-à-dire le quart restant en nue propriété. (Comp.
supra, N° XVI — 5).

En conséquence, dans l'espèce, le conjoint a droit à
l'usufruit de tous les biens (art. 1094); l'étranger, à un quart
en nue propriété (art. 915, comp. *supra*, N° XXIII — 4);
l'ascendant, aux trois quarts restant en nue propriété.

3. — Remarquons, toutefois, que si les deux libéralités
étaient simultanées et non successives, le conjoint prendrait toujours l'usufruit de tous les biens ; mais l'étranger
aurait les trois quarts en nue propriété, et l'ascendant le
quart restant. (Comp. *supra*, N° XXIII — 5).

Quid, lorsque les deux libéralités produisent leur effet à la même date ?

XXVI. — CAS OU LE DISPOSANT NE LAISSE QU'UN SEUL ENFANT.
— Lorsque le disposant ne laisse qu'un seul enfant, c'est le
disponible ordinaire qui est le plus étendu.

1. — En effet, le disposant qui n'a qu'un seul enfant,
peut donner à un étranger la moitié de ses biens (art. 913);
et s'il dispose en faveur de son conjoint, il ne peut donner
qu'un quart en propriété avec un quart en usufruit. (Art.
1094).

Ainsi, le disposant pourra ou ne pourra pas continuer
de donner, selon que la première libéralité par lui faite,

Comment com-
bine-t-on les deux
disponibles, lorsque
les libéralités sont
faites par un père
qui ne laisse qu'un
seul enfant ?

embrassera ou non, une valeur égale au montant du disponible applicable à la libéralité suivante.

Un point important à considérer, en cette matière, c'est donc la date des libéralités. Voici, d'ailleurs, les différentes hypothèses sous lesquelles la disposition des deux disponibles peut se produire :

1° *Où la libéralité faite à l'époux est postérieure à la donation faite à l'étranger.* — Si le disposant a donné, par acte entre-vifs à un étranger, une quotité équivalente à un quart en propriété et un quart en usufruit, il ne peut plus rien donner à son conjoint, attendu qu'en ce qui concerne celui-ci, la quotité disponible est épuisée ; mais s'il a disposé d'une quotité inférieure, il pourra donner à son conjoint, tout le complément autorisé par l'art. 1094.

Exemple : Paul laisse un enfant, Pierre, donataire de l'usufruit de tous ses biens, sa femme légataire d'un quart en nue propriété et un patrimoine de 24,000 fr.

En évaluant, d'après les principes établis sous le N° XXVII — 1, l'usufruit, à la moitié de la propriété, Pierre se trouve donataire de la moitié du patrimoine, c'est-à-dire d'une quotité supérieure au *maximum* du disponible entre époux. En conséquence, le legs fait au conjoint est caduc. (Art. 1094).

Mais si, au lieu de comprendre l'usufruit de tous les biens, la donation faite à Pierre n'avait compris que l'usufruit de la moitié, le disposant aurait pu léguer à sa femme, la nue propriété ou bien l'usufruit d'un quart. En effet, en donnant l'usufruit de moitié, Paul est censé n'avoir disposé que d'un quart en pleine propriété ; il peut donc donner, à son conjoint, le complément de l'art. 1094, c'est-à-dire un quart en usufruit. Ou bien, après avoir donné l'usufruit de moitié, le disposant peut léguer à sa femme un quart en nue propriété ; car la somme des deux libéralités ne forme pas un total excédant le *maximum* du disponible entre époux qui est d'un quart en pleine propriété et d'un quart en usufruit. Telle est la règle que nous avons établie sous le N° XXIII — 3.

2° *Où la donation faite à l'époux précède la libéralité*

faite à l'étranger. Si le disposant a donné, par acte entre-vifs, à son conjoint, une quotité équivalente à un quart en propriété et un quart en usufruit, c'est-à-dire, au *maximum* du disponible entre époux, il peut donner ensuite à un étranger, le complément du disponible déterminé par l'art. 913.

Ainsi, celui qui, par son contrat de mariage a donné à sa femme l'usufruit de la moitié de ses biens, peut léguer, à un étranger, la nue propriété de moitié (1). En effet, du moment que la somme des deux libéralités ne dépasse pas la quotité disponible la plus étendue, et que la femme ne reçoit pas au-delà de ce qui est permis par l'art. 1094, l'enfant ne peut élever aucune plainte.

C'est là l'application de la règle tracée sous le N° XXIII-4.

3° Où les deux libéralités produisent leur effet dans le même temps. — Si les deux libéralités sont faites par le même acte, ou, ce qui revient au même, par deux testaments passés à des dates différentes (les dispositions testamentaires ne produisent leur effet qu'au décès du testateur), la somme des libéralités peut atteindre le *maximum* du disponible le plus élevé. Mais, dans aucun cas,

---

(1) Remarquons que les libéralités qui ne sortent à effet qu'au décès du disposant, ne sont pas un obstacle aux donations de biens présents qui seraient faites postérieurement. Ainsi, rien ne s'oppose à ce que le disposant qui a donné à son conjoint, par contrat de mariage, l'usufruit de tous les biens qui composeront sa succession, donne, par acte entre-vifs, à une tierce personne, la quotité disponible de ses biens présents, en pleine propriété. Supposons donc que Paul ayant donné, par contrat de mariage, à sa femme, l'usufruit de tous les biens qui composeraient sa succession, décède laissant un enfant, et après avoir fait donation à un neveu, de la moitié de son domaine situé en Bourgogne.

Si, au décès, la succession ne comprend que ce seul domaine, la donation faite au neveu sera maintenue dans son entier, alors que la donation faite au conjoint sera caduque.

Il en sera ainsi ; car, le conjoint n'étant pas un successible dans le sens de l'art. 841, n'a pas qualité pour demander, lors du partage de la succession, le rapport réel des biens donnés entre-vifs. Cass., 17 juillet 1843, (S.43, 1, 607).

Il va sans dire que si postérieurement à la seconde donation, le *decujus* avait acquis de nouveaux biens, l'usufruit du conjoint porterait, dans notre hypothèse, sur la moitié de ces derniers biens.

l'étranger ne pourra recevoir au-delà du disponible entre époux. (Voir N° XXIII-5).

Exemple : Paul, laissant un enfant et un patrimoine de 24,000 fr., meurt après avoir légué à sa femme, l'usufruit de 12,000 fr., et à un étranger, pareille somme en nue propriété. Cette disposition sera valable pour le tout; car, d'une part, les deux libéralités réunies ne dépassent pas la moitié de la succession (art. 913); et, d'autre part, aucun des deux légataires ne reçoit rien au-delà de ce qui est autorisé par le tarif applicable à chacun d'eux isolément.

Mais, si celui qui laisse un enfant issu d'un premier mariage, et un patrimoine de 24,000 fr., avait légué, par exemple, 8,000 fr. en pleine propriété à sa seconde femme, et 4,000 fr. à un étranger, le legs fait à la femme serait réductible au quart du patrimoine (6,000), et les 2,000 retranchés passeraient dans la réserve.

Il est exact de dire, il est vrai, que celui qui ne laisse qu'un seul enfant, peut disposer de la moitié de ses biens. (Art. 913). Mais, du moment que le disposant a jugé convenable de ne donner à l'étranger qu'une somme fixe de 4,000 fr., sa libéralité devient excessive en ce qui concerne le legs fait à la femme, lequel ne pouvait excéder le quart des biens. (Art. 1098).

La volonté du testateur se trouvant ainsi en désaccord avec les dispositions de la loi, l'enfant réservataire a parfaitement le droit de s'opposer à sa complète exécution. (Comp., n°° XXIII — 5, à la note, XXIX — 1).

XXVII. — CAS OÙ LE DISPOSANT LAISSE DEUX ENFANTS. — Lorsque le disposant laisse deux enfants, la quotité disponible ordinaire est d'un tiers en pleine propriété (art. 913.), et la quotité disponible entre époux reste invariablement fixée à un quart en pleine propriété et un quart en usufruit. (Art. 1094).

Lorsque le disposant laisse deux enfants, le disponible ordinaire est-il plus fort ou plus faible que le disponible entre époux ?

1. — Lorsque le disposant ne laisse qu'un enfant, il est d'évidence que le disponible établi par l'art. 913, est plus élevé que le disponible fixé par l'art. 1094; mais la différence est moins tranchée, lorsqu'au lieu d'un seul enfant, le disposant en laisse deux.

La solution de notre question est subordonnée au résultat de l'évaluation de l'usufruit en propriété.

En matière fiscale, l'usufruit s'évalue invariablement à la moitié de la propriété (loi du 22 frim. an VII, art. 14, n° 11, et art. 15, n° 8); mais en matière civile, la loi ne trace aucune règle à ce sujet. Il s'en suit que nous restons en présence d'une difficulté très grave.

M. Coin-Delisle (sur l'art. 1094, n° 18) enseigne que le mode d'évaluation établi par la loi de frimaire doit être suivi invariablement dans tous les cas où il y a lieu de déterminer la valeur de l'usufruit.

Les tribunaux appliquent généralement cette règle.

Grenoble, 19 mai 1830 (D. P., 30, 2, 295);

Amiens, 5 mars 1840 (D. P., 42, 2, 12);

Toulouse, 23 nov. 1853 (D. P., 54, 2, 99);

Paris, 31 mai 1861 (D. P., 63, 2, 91).

Toutefois, la plupart des auteurs pensent que, puisqu'il n'est pas possible de donner à l'évaluation de l'usufruit une base exacte, une règle absolue, il convient d'apprécier la valeur de l'usufruit à raison des circonstances du fait, telles que l'âge, l'état de santé, la profession de l'usufruitier, les charges dont l'usufruit est grevé, etc.

Duranton, t. IX, n° 796; Toullier, t. V, n° 871; Boutry, n° 411, 448; Proudhon, n° 364; Marcadé, sur l'art. 1094; Benech, n° 376; Massé et Vergé, sur Zachariæ, t. III, § 460, note 14; Dalloz, V° disp. entre-vifs et test., n° 836 et suiv.).

Voir également dans ce sens :

Riom, 23 août 1842 (D. P., 43, 2, 14);

Caen, 23 mars 1843 (D. P., 43, 2, 165);

Bordeaux, 7 déc. 1858 (D. P., 63, 2, 125);

Il serait, sans doute, peu rationnel d'évaluer invariablement toujours et dans tous les cas, l'usufruit à la moitié de la propriété; car, il n'est pas douteux que l'usufruit établi sur la tête d'un octogénaire ne présente une valeur inférieure à l'usufruit qui serait établi sur la tête d'un homme de quarante ans; mais comme il arrive souvent que l'homme jeune et vigoureux paie son tribut à la nature avant le terme que sa forte constitution semblait lui avoir assigné, nous pensons qu'à part les cas qui sont accompagnés de circonstances très caractéristiques, il est sage de suivre le système qui régit les évaluations en matière d'enregistrement.

Tel est, d'ailleurs, le sentiment de l'illustre M. Troplong. (N°s 2609 et suiv.)

En conséquence, dans notre hypothèse, le disponible ordinaire sera plus fort ou plus faible que le disponible entre époux, selon que l'évaluation de l'usufruit en propriété sera plus ou moins élevé ; mais si, comme nous le proposons en thèse générale, on évalue l'usufruit à la moitié de la valeur de la propriété, nous remarquerons que le disponible le plus étendu est celui de l'art. 1094.

En effet, $\frac{1}{3}$ en propriété, plus $\frac{2}{3}$ en usufruit donnent, d'après notre mode d'évaluation, $\frac{4}{3}$ ou $\frac{9}{21}$ en propriété.

Tandis que $\frac{1}{4}$ en propriété ne représente que $\frac{1}{11}$.

2. — Il faudra donc combiner les deux disponibles de la manière suivante :

1° Celui qui laisse deux enfants peut, après avoir fait donation à un étranger, du tiers de ses biens en pleine propriété, disposer en faveur de sa femme, de $\frac{1}{11}$ en usufruit (1). (Règle du n° XXIII—3).

2° Après avoir fait donation à sa femme d'un quart en propriété et d'un quart en usufruit, ou même d'une quotité équivalente au tiers des biens, qui est ici le *maximum* du disponible ordinaire, on ne peut plus disposer de rien au profit d'un étranger.

Mais, si la donation faite à la femme est inférieure au montant du disponible ordinaire, le complément peut en être donné à l'étranger. (Règle du n° XXIII — 4).

3° Enfin, si les deux libéralités sont faites simultanément, la somme des libéralités peut atteindre le maximum du disponible le plus élevé ($\frac{1}{3}$ en propriété et $\frac{1}{3}$ en usufruit), mais un étranger ne pourra jamais recevoir au delà du

Comment combine-t-on les deux disponibles, lorsque les libéralités sont faites par un père qui laisse deux enfants ?

(1) La femme ne pourrait rien recevoir en propriété ; car, en ce qui la concerne, le disposant ne peut donner en propriété, qu'un quart seulement. Or, s'il a déjà disposé d'un tiers, il est clair qu'il ne lui reste plus rien de disponible en propriété. (Voir, dans cet ordre d'idées, ce qui a été dit sous le n° XIII-5).

tiers en propriété, qui est le *maximum* du disponible le concernant. (Règle du n° XXIII—5).

XXVIII. — Cas ou le disposant laisse trois enfants ou un lus grand nombre. — Celui qui laisse trois enfants ou un plus grand nombre peut disposer, savoir : en faveur de son conjoint, d'un quart en propriété et d'un quart en usufruit (art. 1094), et en faveur d'une tierce personne, d'un quart en propriété. (Art. 913). Mais, comme nous l'avons établi sous le n° XXIII—1, les libéralités ne pouvant jamais être faites au préjudice des droits des réservataires, le disposant ne peut, dans aucun cas, donner à la fois, et le disponible ordinaire, et le disponible entre époux.

1. — Dès lors que le disponible entre époux est ici plus élévé que le disponible ordinaire, il faut, pour combiner les deux disponibles, observer la date des libéralités ; car, ainsi que nous l'avons dit sous le n° XXIII—2, l'art. 1094 étant spécial aux époux, ses dispositions extensives ne peuvent nullement être invoquées par un tiers.

Comment combine-t-on les deux disponibles, lorsque les libéralités sont faites par un père qui laisse trois enfants ?

Ainsi, trois cas peuvent se produire :

1° Celui où la libéralité faite à l'étranger est antérieure à celle faite au conjoint. Alors le disposant peut donner l'usufruit de la moitié de ses biens à son conjoint, et la nue propriété d'un quart à l'étranger.

2° Celui où les deux libéralités sont faites par le même acte, ou par deux actes distincts produisant leurs effets à la même époque, comme deux testaments.

Ici, comme dans le cas précédent, le disposant peut donner la quotité disponible la plus étendue ($\frac{1}{4}$ en propriété et $\frac{1}{4}$ en usufruit), en ayant soin, toutefois, de la distribuer de manière à ce que l'étranger ne reçoive rien en sus de la portion fixée par l'art. 913 dont le *maximum* est un quart en pleine propriété.

3° Enfin, celui où la libéralité faite au conjoint est antérieure à celle faite à l'étranger. Dans cette dernière hypothèse, il faut considérer l'importance de la première libéralité ; car la conséquence nécessaire du principe sur lequel repose notre théorie, est que le disposant peut ou ne

peut pas continuer de donner, selon que la première libéralité (la donation faite au conjoint) absorbe ou non, le
quantum du disponible ordinaire.

Ainsi, si la première donation, celle faite au conjoint,
embrasse une quotité inférieure à celle du disponible ordinaire établi par l'art. 913, un huitième par exemple, le
disposant pourra encore donner à un étranger, le complément de ce disponible, c'est-à-dire, un autre huitième de
ses biens.

Si, au contraire, elle embrasse une quotité non inférieure
à celle du disponible ordinaire, le disposant ne peut plus
rien donner à un étranger.

En conséquence, un père de trois enfants qui, par acte
entre-vifs, a disposé de l'usufruit de la moitié de ses biens,
en faveur de son conjoint, se trouve avoir épuisé la totalité du disponible ordinaire, et ne peut dès lors, disposer
d'aucune autre valeur au profit d'un étranger (1).

Marcadé, sur l'art. 1100, n° 2, reconnaît avec la majorité
des auteurs, qu'en cette matière, loin d'être insignifiante,
la puissance des dates est souveraine, « puisque, dit-il, c'est
selon que le disponible est déjà ou n'est pas encore épuisé,
que l'auteur des libéralités peut encore ou ne peut plus
disposer, et que c'est sur ce principe que repose l'art.
913. » Mais, à la différence des autres, il établit une distinction pour le cas où la donation en faveur du conjoint
n'a pu être faite que d'après l'art. 1094. Il admet alors le
cumul, par la raison que dans cette hypothèse, l'usufruit
n'a pu être donné, d'après l'art. 913, que jusqu'à concurrence d'un quart. D'où il suit que le disponible ordinaire
reste intact pour un quart en nue propriété.

Quelqu'ingénieuse que soit cette théorie, et nonobstant
l'adhésion qu'elle rencontre chez M. Boutry (n° 481), nous
ne saurions l'admettre. En effet, puisque l'art. 1094 permet de donner une quotité en pleine propriété aussi bien
qu'une quotité en usufruit, que la libéralité ait pour objet

---

(1) Nous supposons, bien entendu, que l'usufruit de moitié équivaut à
un quart en pleine propriété. (Voir en ce qui concerne l'évaluation de
l'usufruit en propriété, ce qui a été dit sous le n° XXVII-1).

l'une ou l'autre de ces deux quotités, elle pourra toujours
être faite au conjoint, d'après cet article même, tout comme si l'art. 913 n'existait pas.

En conséquence, pour savoir si le disposant, a ou non,
épuisé le disponible à l'encontre de l'étranger, on ne doit
pas rechercher si la donation faite au conjoint est régie
par l'art. 1094 plutôt que par l'art. 913, on doit simplement
se borner à examiner si cette donation a pour objet une
quotité plus forte, ou plus faible que celle du disponible ordinaire. Si elle est plus forte ou même égale, il ne
pourra rien donner à l'étranger ; si, au contraire, elle
est inférieure, il pourra lui donner le complément.
(Voir les auteurs et les nombreux arrêts cités sous le
nº XXIII— 4).

XXIX. — CAS OU LE DISPOSANT LAISSE DES ENFANTS ISSUS D'UN
PRÉCÉDENT MARIAGE. — Nous avons dit sous le nº XXI, que,
lorsque le disposant laisse des enfants d'un autre lit, il ne
peut donner à son conjoint qu'une part d'enfant légitime le moins prenant, sans que la libéralité puisse jamais
excéder le quart des biens. (Art. 1098).

Comme on le voit, dans cette hypothèse, le *quantum*
du disponible entre époux peut être quelquefois plus faible,
mais jamais plus élevé que celui du disponible ordinaire ;
d'où il suit que l'époux qui, ayant des enfants d'un précédent mariage, a déjà disposé, par acte entre-vifs, du disponible de l'art. 913, ne peut plus rien donner à son conjoint
en secondes noces.

Lyon, 14 mai 1813 (Devill., 4, 2, 308) ; Cass. 2 fév.
1819 (Devill., 6, 1, 18).

Il va de soi, toutefois, que, si le disponible ordinaire n'a
pas été épuisé en entier, le disposant peut en donner le
complément à son nouveau conjoint, dans les limites, bien
entendu, tracées par l'art. 1098.

1. — S'il arrivait que la donation faite au nouveau
conjoint fût excessive, et que le disposant mourût
après avoir institué un légataire universel, le retranchement auquel la donation entre époux se trouve sou-

A qui profite le
retranchement que
subit le nouveau
conjoint ?

6

mise, passerait dans les mains du légataire universel, jusqu'à concurrence du complément de la quotité disponible ordinaire, et l'excédant, s'il y en avait, passerait dans la réserve.

Grenoble, 19 mai 1830 (Devill., 9, 2, 444).

On objecterait vainement avec Voët (*De ritu nupt.*, n° 112) que le retranchement étant uniquement une satisfaction donnée aux enfants du précédent mariage, ne saurait profiter à des tiers.

Il est certain que les dispositions restrictives de l'art. 1098 n'ont été établies que dans l'intérêt des enfants ; aussi faut-il reconnaître que toutes les fois que le nouveau conjoint est seul donataire, et que la libéralité à lui faite est excessive, le retranchement passe tout entier dans la réserve; c'est là le vœu de l'art. 1098. Mais si l'on veut maintenir au disposant la faculté d'épuiser, en faveur d'une tierce personne, le complément du disponible ordinaire, il faudra admettre nécessairement que, toutes les fois que deux libéralités auront été faites, l'une au conjoint, et la seconde à une tierce personne, et que celle faite au conjoint excédera la quotité disponible établie par l'art. 1098, le retranchement sera employé à acquitter, dans les limites du disponible ordinaire, la seconde libéralité. En effet, le nouveau conjoint ne recevant qu'une part d'enfant le moins prenant, et la somme des deux libéralités ne dépassant pas le *quantum* du disponible ordinaire, les enfants qui se trouvent ainsi investis de la réserve tout entière, n'auront aucune raison de se plaindre.

Comp. Troplong, n° 2727 et suiv.

XXX. — CAS OÙ LE DISPOSANT EST MINEUR. — S'il arrivait que dans l'une des hypothèses que nous venons d'exposer sous les n° XXIV à XXIX ci-dessus, le disposant fût mineur, on ferait l'application de la méthode que nous donnons *supra*, n° XXII — 3, laquelle consiste à diviser le patrimoine du *decujus* en deux portions égales, puis à partager ces deux moitiés : l'une, d'après les règles des successions *ab intestat*, et l'autre, en tenant compte des dispositions du *decujus* de la même manière que si elles avaient été faites par une personne majeure.

Afin de rendre la règle plus facile à saisir, nous donnerons un exemple :

Paul, âgé de plus de seize ans, meurt laissant pour héritiers son père et un oncle maternel, et après avoir fait donation par contrat de mariage, d'un quart en propriété et d'un quart en usufruit à sa femme, et légué par testament, l'universalité de ses biens à Pierre. Au moment de son décès, son patrimoine est évalué 24,000 fr.

Ainsi, moitié du patrimoine ou 12,000 fr. seront partagés, d'après l'art. 753, de la même manière que si la succession s'était ouverte *ab intestat*.

On en attribuera donc moitié à la ligne paternelle représentée ici par le père, ci . . . . 6,000 fr.

Et moitié à la ligne maternelle représentée par l'oncle, ci . . . . 6,000 fr.

Arrivant à l'autre moitié du patrimoine, à la moitié régie par les dispositions du *de cujus*, on la distribuera, de conformité aux art. 913, 915 et 1094, savoir :

1° A la femme, un quart en pleine propriété, ci 3,000 fr., plus un quart en usufruit.

2° Au père réservataire, un quart en pleine propriété, ci . . . . 3,000 fr.

3° Et le surplus, au légataire universel, soit en pleine propriété, ci . . . . 3,000 fr.

Et en nue propriété, ci . . . . 3,000 fr.

Cette méthode étant applicable à tous les cas, quels qu'ils soient, il serait superflu de multiplier les exemples.

§ IV.

Des libéralités déguisées,
et des personnes interposées.

XXXI. — DES LIBÉRALITÉS DÉGUISÉES. — L'art. 1099 est ainsi conçu :

« Les époux ne pourront se donner, indirectement, au-delà de ce qui leur est permis par les dispositions ci-dessus. »

« Toute donation, ou déguisée, ou faite à personnes interposées sera nulle. »

Avant d'aborder la grave question que soulève cet article, nous ferons observer que ses dispositions sont également applicables aux donations entre-vifs et aux libéralités testamentaires, mais en tant seulement que le disposant laisse des héritiers à réserve.

Il est clair, en effet, qu'il n'y a qu'eux qui, le cas échéant, puissent avoir qualité pour critiquer et attaquer les libéralités faites en fraude de leurs droits.

Les donations déguisées ou faites à personnes interposées, lorsqu'elles excèdent la quotité disponible, sont-elles nulles pour le tout ou seulement réductibles ?

1. — La question de savoir si les donations dont parle notre article, sont frappées d'une nullité absolue, ou si elles sont simplement réductibles au *quantum* du disponible, est des plus délicates et des plus controversées. Le peu de clarté que présente le texte de la loi divise les esprits, et nous place ainsi en présence de deux solutions différentes :

Premier système. — D'après les uns, l'art. 1099 distingue deux espèces de donations : les donations indirectes, et les donations déguisées ou faites à personnes interposées.

Les donations indirectes, disent-ils, sont celles dans lesquelles on ne rencontre ni l'emploi d'un acte onéreux, ni l'interposition d'une tierce personne à laquelle la libéralité soit fictivement adressée.

Ainsi, la suppression d'un titre de créance, la remise d'objets mobiliers de la main à la main, constituent des donations indirectes.

Les donations déguisées ou faites à personnes interposées supposent, au contraire, que la libéralité est dissimulée sous l'apparence d'un contrat onéreux, ou qu'elle est faite à tout autre qu'au conjoint qui, par le fait, doit seul en bénéficier.

Si je déclare vendre à ma femme, une maison, alors que je la lui transmets à titre gratuit, je fais une donation déguisée; de même que si je donne ma maison au père de ma femme, pour que celui-ci la transmette ensuite à sa fille, je fais une donation à une personne interposée.

Ces distinctions établies entre les donations indirectes, et les donations déguisées ou faites à personnes interposées, on décide que celles-là sont seulement réductibles, et que celles-ci sont complètement nulles.

Grenier, n° 890; Delvincourt, t. 2, p. 438; Toullier, t. V, n° 904; Dupont-Lavillette, V° don., n° 296; Favard, V° avant. ind.; Rolland de Villargues, V° don. entre époux n° 104; Marcadé, n° I-2; Boutry, n° 457; Dalloz, V° disp. entre-vifs et test., n° 942; Troplong, n° 2741 et suiv.

Cass. 30 nov. 1831 (Devill., 32, 1, 134);

Cass. 29 mai 1838 (Devill., 38, 1, 481;

Limoges, 6 juil. 1842 (Devill., 43, 2, 27);

Caen, 6 janv. 1845 (Devill., 45, 2, 393);

Caen, 30 av. 1853 (Devill., 53, 2, 699);

Cass. 2 mai 1855 (D. P., 55, 1, 193);

Dijon, 11 août 1858 (D. P., 58, 2, 189);

Cass. 11 mars 1862 (D. P. 62, 1, 277).

Deuxième système. — Les auteurs opposés à cette argumentation, interprétant le deuxième alinéa de l'art. 1099 par le premier, enseignent qu'il n'y a lieu d'établir aucune distinction entre les donations indirectes, et les donations déguisées ou faites à personnes interposées, et qu'en cas de libéralité excessive, les unes comme les autres sont simplement réductibles.

En effet, disent-ils, toute donation indirecte n'est-elle

pas une donation déguisée, et toute donation déguisée n'est-elle pas une donation indirecte ? Et, s'il en est ainsi, sur quoi se fonderait-on pour épargner les unes et traiter sévèrement les autres ?

En tout cas, l'art. 1099 n'a qu'un seul but, c'est de garantir la réserve légale. Or, ne parvient-on pas à protéger la réserve, en réduisant la donation, sans qu'il soit besoin de la frapper de nullité ?

Duranton, n° 831 ; Vazeille, n° 16 ; Coin-Delisle, n° 14 à 26 ; Malpel, traité des succ., n° 266 ; Poujol, n° 5 ; Coulon, quest. de droit, t. II, p. 1 ; Toullier, p. 248.

Quoique défendu par des auteurs dont on ne peut contester la profonde connaissance du droit, ce dernier système n'est point soutenable ; car il est complètement inconciliable aussi bien avec la lettre qu'avec l'esprit de la loi.

Et d'abord, c'est une erreur d'admettre que le but de l'art. 1099 est de garantir la réserve légale. La réserve étant suffisamment protégée par les art. 1094 et 1098 qui, en établissant les limites de la quotité disponible, veulent nécessairement la réduction de toute libéralité excessive quelle qu'elle puisse-être, l'art. 1099 reste, au point de vue de la réserve, sans portée aucune.

Mais cet article a son but et son importance. Après avoir déterminé le quantum du disponible entre époux, le législateur a dû, pour compléter son œuvre, prendre des mesures pour prévenir la fraude ou tout au moins pour la punir, le cas échéant. De là, l'art. 1099 dont le premier alinéa s'occupe des donations indirectes, et ne les frappe de prohibitions que pour ce qui est *au-delà* du disponible, et dont le deuxième alinéa est exclusivement consacré aux donations déguisées ou faites à personnes interposées, qu'il frappe de nullité absolue.

Cette distinction entre nos deux espèces de donations se justifie pleinement, d'ailleurs, par les effets différents qu'elles produisent.

La donation indirecte s'opère de deux manières : ou par la transmission de la main à la main, comme la suppression d'un titre de créance, la remise d'une somme d'argent etc., ou par un acte solennel et par conséquent inattaquable, au point de vue de la validité, comme la renonciation à un legs, dans l'unique but de faire accroître la part du renonçant à celle de son conjoint; la vente consentie pour un prix inférieur à la valeur réelle du bien aliéné, etc.

Tandis que la donation déguisée ou faite à personnes interposées est celle qui se cache sous la forme mensongère d'un contrat à titre onéreux, ou qui s'adresse en apparence à une autre personne qu'à celle qui est destinée à en recueillir le bénéfice.

Ainsi, celui qui déclare vendre à sa femme un immeuble qu'il lui donne, fait une donation déguisée; ou bien, s'il donne l'immeuble à un tiers pour que celui-ci le transmette au conjoint, il fait une donation à une personne interposée.

En conséquence, les donations dont parle le premier alinéa de notre article diffèrent essentiellement de celles mentionnées au deuxième, en ce que celles-là revêtent toujours le caractère de la sincérité et par suite de la légalité elle-même, alors que celles-ci ne sortent à effet que par le mensonge ou la fraude.

C'est donc avec raison que le législateur s'est montré indulgent pour les unes, et sévère pour les autres.

Ainsi, nous reconnaîtrons avec la majorité des auteurs et la jurisprudence constante de la cour suprême, que les libéralités indirectes sont simplement réductibles si elles sont excessives, et que les donations déguisées ou faites à personnes interposées, sont nulles pour le tout.

:. — Mais remarquons bien que la loi ne prononce la nullité que lorsque la donation excède la quotité disponible. Car, c'est seulement alors, dit M. Troplong (n° 2744), que le déguisement prend la couleur d'un piége et devient un embarras. Tandis que, quand le donateur est resté dans les limites de la quotité disponible, sa libéralité ne lèse les intérêts de personne et, par suite, elle ne viole aucune loi.

Il ne faudrait pas, cependant, que la libéralité revêtît la forme de la vente; car, quoique non excessive, elle serait

Les donations déguisées ou faites à personnes interposées sont-elles nulles alors même qu'elles ne sont pas excessives?

radicalement nulle par la raison que les seuls cas où la vente est permise entre époux, sont déterminés par l'art. 1595.

Cass. 6 février 1849 (Devill. 49, 1, 165).

Quelles sont les personnes qui ont le droit d'intenter l'action en nullité?

3. — L'action en nullité ne peut, comme l'action en réduction, être intentée que par ceux au détriment desquels, la libéralité aura été faite.

Ainsi, le mari qui, dans le but d'avantager sa seconde femme, au-delà des limites établies par l'art. 1098, reconnaîtrait recevoir d'elle, une somme d'argent qu'elle n'apporte pas, ferait une donation déguisée qui ne pourrait être attaquée que par les enfants du premier lit seuls.

Paris, 28 mars 1851.

Il va sans dire, toutefois, que l'action en nullité appartiendrait également aux enfants du second mariage, si la somme reconnue dépassait le *quantum* du disponible établi par l'art. 1094.

Il est un cas, cependant, où le donateur lui-même est admis à faire annuler sa libéralité: c'est lorsqu'il a contrevenu à l'art. 1096, en assurant, pendant le cours du mariage, à son conjoint un avantage irrévocable.

Cass. 16 av. 1850 (Devill., 50, 1, 591).

Disons, enfin, que les créanciers du donateur ne sont autorisés à invoquer les dispositions de l'art. 1167, que lorsque leurs titres sont antérieurs à la donation faite en fraude de leurs droits.

Riom, 9 août 1843 (Devill., 44, 2, 15);

Cass. 2 mai 1855 (D. P. 55, 1, 193).

Quelles sont les personnes que la loi présume interposées?

XXXII. DES PERSONNES INTERPOSÉES. — L'art. 1100 désigne comme personnes interposées:

1° Les enfants du conjoint du donateur issus d'un précédent mariage, et 2° les parents dont ce conjoint se trouvait être l'héritier présomptif, au jour de la donation, alors même que celui-ci ne survivrait pas au parent donataire.

Ainsi, tous les enfants (1) autres que ceux nés du mariage

(1) L'expression *enfants* comprend aussi les petits-enfants, les enfants naturels légalement reconnus, et les enfants adoptifs. (Troplong, nos 2753, 2754).

actuel, sont des personnes interposées. Toutefois, s'il était impossible que la donation faite à l'un des enfants , pût jamais profiter au conjoint du disposant, toute présomption d'interposition disparaîtrait.

Citons un exemple :

Si je fais donation de ma maison à l'enfant que ma femme a eu d'un premier mariage, il est clair que si l'enfant vient à mourir avant sa mère, celle-ci recueillera ma maison dans la succession de son fils ; mais si, au contraire, je légue à cet enfant, une pension viagère pour n'en jouir qu'au décès de sa mère, il est d'évidence qu'une pareille libéralité n'a pu être faite dans le but de la faire tourner au bénéfice de la mère.

1. — En ce qui touche la disposition finale de notre article, nous dirons avec MM. Duranton (n° 835), et Boutry (n° 512), que si, au moment de la libéralité, le conjoint du disposant se trouvait être l'héritier présomptif du donataire, il y aurait présomption d'interposition, et cela quand bien même le conjoint ne succèderait pas au parent donataire, soit à cause de prédécès, soit pour tout autre motif. En effet, du moment qu'à l'époque de la donation, le conjoint du donateur était l'héritier présomptif du tiers donataire, la présomption d'interposition reste acquise, quels que soient les évènements ultérieurs; car, il est incontestable que ces évènements auraient pu ne pas se produire.

Mais si, par contre, le conjoint du disposant n'était pas l'héritier présomptif du tiers donataire au jour même de la donation, la présomption d'interposition ne serait pas possible alors même qu'il le deviendrait plus tard; en effet, pour qu'il puisse y avoir présomption de fraude, il faut nécessairement que la fraude soit possible. Or, dans l'espèce, l'impossibilité de la fraude est manifeste.

Comme conséquence de cette doctrine, il faut reconnaître que si la libéralité était faite par testament, la date à considérer relativement à la présomption d'interposition, serait celle du testament, et non celle du décès du testateur.

Quelle est l'époque à considérer pour établir la présomption d'interposition ?

2. — Disons enfin que, lorsque l'interposition a lieu au moyen de personnes autres que celles désignées par la loi, les héritiers à réserve du disposant sont autorisés à en faire la preuve par tous les moyens, tels que le serment, l'aveu, et même les simples présomptions.

§ V.

De la réduction des libéralités excessives.

Le cadre restreint dans lequel nous nous sommes renfermé, ne nous permet pas de nous occuper ici des questions qui se rattachent spécialement à la réduction des dispositions relatives à la quotité disponible ordinaire. Nous nous bornerons donc aux développements que nécessitent les différentes espèces où ce disponible se trouve combiné avec le disponible entre époux.

XXXIII. DE L'ORDRE A OBSERVER DANS LA RÉDUCTION, LORSQUE LES DEUX QUOTITÉS DISPONIBLES SE TROUVENT COMBINÉES. — L'art. 921 est ainsi conçu : « La réduction des dispositions entre-» vifs ne pourra être demandée que par ceux au profit » desquels la loi fait la réserve, par leurs héritiers ou » ayants cause : les donataires, les légataires, ni les créan· » ciers du défunt ne peuvent demander la réduction, ni » en profiter. »

Il n'y a donc que les héritiers à réserve ou leurs ayant cause qui puissent faire réduire les dispositions entre-vifs qui entament la réserve.

Notre article ne parle pas des dispositions testamentaires ; mais il tombe sous les sens qu'elles doivent être soumises, quant à la réduction, aux mêmes règles que les donations. Il est d'évidence, en effet, que la réserve ne serait pas garantie si les réservataires n'avaient pas le droit de faire réduire *toute libéralité* qui excèderait la quotité disponible.

1. — Lorsqu'il y a lieu de réduire les libéralités faites par l'époux donateur, la donation qui profite au conjoint sera réduite à sa date, si elle a pour objet des biens présents, et elle sera réduite après les legs, mais avant toute autre disposition entre-vifs, sauf l'exception que nous signalons ci-après, si elle a pour objet des biens à venir.

En effet, quoiqu'essentiellement révocable, la donation de biens présents faite entre époux pendant le mariage produit, quand elle n'a pas été révoquée, ses effets *ab initio* absolument comme une donation ordinaire. (V. *supra*, n° IX).

En conséquence, la donation par un époux à son conjoint, qu'elle ait été faite par contrat de mariage ou pendant le cours du mariage, dès lors qu'elle a pour objet des biens présents, ne doit subir de retranchement qu'après tous les legs et les donations qui lui sont postérieurs.

Remarquons, toutefois, que la donation entre époux faite *constante matrimonio* est toujours révocable ; qu'en conséquence, toutes les fois que l'intention de révoquer la donation faite au conjoint résulte d'une manière claire et certaine, d'une disposition ultérieure, le conjoint doit subir la réduction avant le donataire subséquent.

Montpellier, 27 mars 1835 (Devill. 36, 2, 198).

En ce qui concerne les donations de biens à venir, il faut distinguer : ou la donation a été faite par contrat de mariage, et comme elle est alors essentiellement irrévocable, elle ne subit de retranchement qu'à sa date, c'est-à-dire après toutes les libéralités qui lui sont postérieures ; ou elle a été faite pendant le mariage, et elle est primée, à cause de sa révocabilité, par toutes les dispositions entre-vifs quelle que puisse être leur date.

Mais il est incontestable que la donation de biens à venir prime les dispositions testamentaires. Cette donation ne prend date ou ne produit d'effet, comme le testament, que du jour du décès ; mais le donataire est saisi des biens par son titre même, alors que le légataire est tenu de demander la délivrance du legs. (Comp. *supra*, n° X—1).

Une question plus délicate est celle de savoir si la

donation entre époux prime, ou non, l'institution contractuelle. Cependant, comme ces deux libéralités produisent les mêmes effets, en cela qu'elles saisissent le donataire de plein droit au jour du décès, nous pensons que le cas échéant, elles devraient être traitées sur le pied de l'égalité, et subir ainsi, l'une et l'autre, le retranchement au marc le franc.

(V. cependant M. Troplong, nº 2661).

Quid, lorsque la première donation a pour objet une valeur supérieure à la quotité disponible spéciale au donataire?

2. — Si l'on se trouvait en présence de deux donations de biens présents dont l'une soumise à la quotité disponible ordinaire, et l'autre à la quotité spéciale aux conjoints, et que l'une de ces donations eût pour objet des valeurs excédant le disponible applicable au donataire à qui elle profite, doit-on pour la réduction observer l'ordre chronologique établi par l'art. 923?

Ainsi, un homme ayant un enfant d'un premier lit, fait donation de 30,000 fr. par contrat de mariage à sa seconde femme ; plus tard, une donation de 15,000 fr. à un étranger, et il meurt laissant 15,000 fr.

D'après l'art. 1098, la femme ne peut recevoir que 15,000 fr. D'autre part, d'après l'art. 913, la réserve est de 30,000 fr.

Si l'on interprète judaïquement les dispositions des art. 921 et 923, la donation faite à l'étranger étant la plus récente, doit la première être soumise à la réduction ; et, dans l'espèce, cette réduction ne serait autre que l'anéantissement de cette donation ; alors que la libéralité faite à la femme resterait intacte au mépris de l'art. 1098, résultat complètement inadmissible. En effet, dès lors qu'un donataire reçoit au-delà de la quotité disponible le concernant, la libéralité est toujours réductible à cette quotité; telle est la volonté souveraine de la loi.

Dans l'espèce, la situation présente, d'une part, un excédant ; et, d'autre part, un déficit qui, l'un et l'autre, doivent disparaître. Or, comment y parviendrons-nous, si ce n'est en comblant le déficit au moyen de l'excédant? D'où la conséquence que, quoique postérieure en date, la donation faite à l'étranger sera maintenue intégralement. Ce résultat n'est-il pas en parfaite harmonie avec les principes de la loi ?...

Il en serait, sans doute, autrement, et l'étranger serait soumis à réduction dans le cas où l'excédant n'aurait pas suffi à combler le déficit.

Si donc dans l'espèce proposée, la donation faite à la femme n'était que de 20,000 fr., et celle faite à l'étranger de 25,000 fr., la réduction aux termes de l'art. 1098, produirait un excédant de 5,000 fr. insuffisant à combler le déficit de 15,000 fr.; le complément de 10,000 fr. serait alors d'après l'art. 923, fourni par l'étranger.

Comp. Bordeaux, 2 avril 1852, Devill. 52, 2, 530; Caen, 24 déc. 1862, Devill. 63, 2, 127.

3. — Si la libéralité faite au conjoint en secondes noces était réductible à une part d'enfant le moins prenant, et que cette part fût inférieure au quart du patrimoine du *decujus*, la réduction s'opérerait de la manière suivante :

Si la libéralité faite à l'époux en secondes noces était réductible à une part d'enfant inférieure au quart, comment opéreraiton la réduction ?

Supposons que Paul marié en secondes noces meure laissant 60,000 fr. dans sa succession, cinq enfants du premier mariage, sa femme légataire de 15,000 fr. et une tierce personne usufruitière de cette somme.

La femme n'ayant droit qu'à une part d'enfant, le legs à elle fait devra être réduit au sixième du patrimoine (art. 1098); de telle sorte que la femme et les enfants se partageront la succession, à raison d'un sixième chacun (1.) ci. . . . . 10,000 fr.

Toutefois, comme la libéralité faite à la femme, et celle faite à l'étranger ne dépassent pas ensemble, le *quantum* du disponible ordinaire (art. 913), cette dernière libéralité sortira à effet pour le tout, et sera supportée par la femme d'abord, qui ne jouira par conséquent de son legs qu'après la mort de l'usufruitier, et par les enfants pour les 5,000 fr. restants.

4. — Si l'époux donataire renonçait au bénéfice de la libéralité faite en sa faveur, cette renonciation aurait pour effet, non de grossir la part des réservataires, mais de valider ou de compléter les dispositions ultérieures.

Si l'époux donataire renonçait à son gain de survie, qui est-ce qui en profiterait ?

(1) Voir la réfutation d'un système opposé, sous le n° XXI — 2.

Soit donné l'exemple suivant :

Par son contrat de mariage, Paul fait donation à sa femme, dans le cas de survie, de l'usufruit de la moitié de tous les biens qu'il laissera à son décès. Puis, il lègue à une tierce personne le quart de ses biens, et il meurt laissant trois enfants.

Si on évalue l'usufruit à la moitié de la propriété, dans notre espèce, la première libéralité absorbant l'entière quotité disponible de l'art. 913, rend la disposition testamentaire complètement caduque. C'est ce que nous avons démontré sous le nº XXVIII — 1. Mais, si la femme renonce à son usufruit (1), sa renonciation en faisant disparaître la première libéralité, lève le seul obstacle qui gênait l'exécution de la disposition testamentaire.

En effet, pour que la renonciation n'eût point pour effet de rendre toute son efficacité au legs, il faudrait que le legs fût nul en lui-même. Mais, qu'on le remarque bien, le legs n'est pas nul, il est simplement caduc, et cela par la seule raison que la libéralité précédente absorbe la quotité disponible tout entière. Or, dès là qu'il y a répudiation, la libéralité est censée n'avoir jamais existé, et le droit de disposition que la loi accorde au père de famille, reprend toute son efficacité. Remarquons, au surplus, que les dispositions de l'art. 786 d'après lesquelles la part du renonçant accroît à ses co-héritiers, sont loin d'être applicables à notre espèce. Elles ne concernent, en effet, que les renonciations qui sont faites par des héritiers légitimes appelés à la succession par la loi ; auquel cas la renonciation profite, non aux héritiers du renonçant, mais à ceux du *decujus* lui-même qui ont accepté l'hérédité.

Toulouse, 15 avril 1842 (Devill., 42, 2, 385) ;

Cass. 20 déc. 1843 (Devill., 44, 1, 214) ;

Agen, 22 avril 1844 (Devill., 44, 2, 391) ;

Riom, 6 mai 1846 (Devill., 46, 2, 397) ;

_____

(1) La renonciation n'est valable que tout autant qu'elle est faite après le décès du donateur, et avant toute acceptation ; car, d'un côté, il n'est pas permis de renoncer à un droit non encore ouvert, et de l'autre, celui qui a accepté ne peut plus revenir contre la qualité qu'il a prise : *Semel hœres, semper hœres* (Art. 778).

5. — Lorsqu'il a été fait plusieurs donations successives, et que le donataire soumis à la réduction est devenu insolvable, sur qui doit-on faire peser l'insolvabilité ?

1° Si l'insolvabilité était survenue postérieurement à l'ouverture de la succession, pas de doute : ce sont les réservataires qui supportent la perte tout entière. Car, c'est au moment même du décès que les héritiers à réserve sont saisis de leurs droits, ou si l'on aime mieux qu'ils acquièrent les biens héréditaires ; — (Art. 920, 922). Or, puisque les droits des héritiers sont établis dès l'ouverture de la succession, le fait d'insolvabilité survenu postérieurement au décès, demeure nécessairement sans influence.

2° Si, au contraire, l'insolvabilité existait déjà du vivant du disposant, il faut distinguer si la donation faite à l'insolvable est immobilière ou simplement mobilière : si elle est immobilière, pas de difficulté; ou les biens ont péri par cas fortuit et sans la faute du donataire, et ils restent en dehors, tout comme s'ils avaient péri entre les mains du disposant lui-même (art. 855); ou ils ont été dissipés, gaspillés par le donataire lui-même, et alors les réservataires ont l'action en revendication contre les tiers détenteurs, mais seulement après avoir discuté les biens qui peuvent rester au donataire. (Art. 930).

Si c'est le donataire de valeurs mobilières qui devient insolvable antérieurement au décès du disposant,

Trois systèmes différents sont en présence :

1° D'après le premier, ce sont les autres donataires qui doivent seuls supporter la perte résultant de l'insolvabilité du donataire soumis à la réduction, par la raison que la légitime doit toujours être préférée aux donations, et que si quelqu'un doit être lésé, c'est plutôt le donataire qui *certat de lucro captando*, que le réservataire qui *certat de damno vitando*.

Grenier, t. II, n° 632; Toullier, t. III, n° 137; Merlin, Répertoire, V° légitime, Section 8, § 2; Poujol sur l'art. 922, n° 12; Troplong, n°ˢ 996, 997, 998; Zachariæ, Aubry et Rau, t. V, p. 556 et 583.

2° D'après le second système, la perte doit être supportée tout entière par les héritiers réservataires. Ce système a été adopté par un arrêt de la Cour d'Amiens en date du 10 nov. 1853 :

« Considérant qu'aux termes de l'art. 922 C. N., pour
» déterminer la quotité disponible on réunit fictivement
» aux biens laissés par le donateur ceux dont il a disposé,
» d'après leur état à l'époque des donations et leur valeur
» au temps du décès ; — Que la valeur des biens d'acquêts
» donnés ne peut être déterminée que par leur importance
» au moment de la donation ; — Que les éventualités de
» perte ou de gain qui ont pu survenir pour le donataire
» d'une somme déterminée sont étrangères à la compo-
» sition de la masse ; — Qu'aux termes de l'art. 923, la
» masse étant ainsi formée, on opère la réduction en com-
» mençant par la dernière donation, et en remontant ainsi
» des dernières aux plus anciennes ; — Que la portion
» disponible se trouvant invariablement déterminée, un
» premier donataire ne peut être atteint par la réduction
» que si l'héritier à réserve n'a pas, contre le donataire
» subséquent, une action équivalente à l'importance de
» ses droits ; — Qu'en vain opposera-t-il l'insolvabilité du
» donataire subséquent ; que cette insolvabilité n'aurait
» pu rétroagir sur la capacité qu'aurait eue le père de
» famille de disposer dans les limites de la loi ; — Que les
» conséquences de l'insolvabilité du donataire ne sauraient
» être supportées que par les héritiers qui trouvent dans
» leur qualité, les moyens d'en obtenir la réparation si
» ce donataire revenait à meilleure fortune ; — Qu'autre-
» ment il faudrait accorder au premier donataire, étranger
» à la succession par sa renonciation, et atteint par la
» réduction à raison de l'insolvabilité du second, une
» action en indemnité contre celui-ci, lui donner ainsi
» des droits d'héritier, et le faire profiter d'un rapport,
» ce qui serait contraire aux dispositions des art. 785 et
» 850 C. Nap.; — Par ces motifs, etc.»

3° Enfin, d'après le troisième système, la perte résultant de l'insolvabilité du donataire soumis à la réduction, doit être supportée, au marc le franc de leurs droits respectifs, aussi bien par les héritiers à réserve, que par les autres donataires. En d'autres termes, les biens donnés au donataire devenu insolvable doivent être exclus de la masse, de la même manière que s'ils avaient été dissipés par le disposant lui-même. (Art. 855).

Cette solution intermédiaire nous paraît préférable aux deux autres, parce que seule, elle s'harmonise avec la loi, la raison et l'équité.

Nous admettons volontiers avec le premier système, que les réservataires sont autorisés par la loi à demander la réduction des libéralités, jusqu'à ce qu'ils soient investis de leur réserve. Mais, pour être logique, il nous faut admettre également avec le second système que les donataires qui ne détiennent que la quotité disponible, ne doivent rien aux réservataires.

Reposant sur des principes de droit indiscutables, ces déductions sont, l'une et l'autre, à l'abri de toute critique ; et cependant, comme on le voit, elles conduisent à deux résultats absolument inconciliables entre eux. Comment expliquer donc une pareille anomalie?

La raison est facile à déduire : comment veut-on, en effet, que les résultats ne soient pas erronés lorsqu'on comprend dans la masse de la succession des valeurs qu'on défalque ensuite, quand on arrive à l'opération du partage?

« Si vous voulez que l'accord soit possible, dit M. Marcadé sur l'art. 923, n° 3, faites de deux choses l'une : si vous comptez dans la masse les valeurs apparentes, consentez donc à recevoir en paiement une part proportionelle de valeurs apparentes ; si vous ne voulez recevoir que des valeurs réelles, ne mettez donc dans la masse que des valeurs réelles. »

Ainsi, par exemple, le *decujus* laisse un enfant, sa femme donataire de 12,000 fr., et un tiers donataire postérieur de 36,000 fr. Sa succession ne comprend aucun actif et le tiers donataire est complètement insolvable.

Comptant dans la masse les valeurs dissipées, on a un

7

total de 48,000 fr. En conséquence, la quotité disponible étant de 24,000 fr. et la réserve également de 24,000 fr. (art. 913), il y a lieu à réduction.

On attribuera donc au réservataire 9,000 fr. en valeurs réelles et 15,000 fr. en valeurs apparentes, ci . . . 24,000

A l'épouse, 3,000 fr. en valeurs réelles et 9,000 fr. en valeurs apparentes, ci. 21,000

Enfin au tiers donataire 12,000 fr. en valeurs apparentes, ci 12,000
_____
Total égal à la masse. 48,000

Ne comptant dans la masse que les valeurs réelles, que les valeurs qui peuvent être imputées utilement, on attribuera un quart à la femme, ci . . . . 3,000 et les trois quarts restants au réservataire ci. . . 9,000

Nous reconnaîtrons donc que, comme toute autre créance irrécouvrable, le montant de la donation faite à un insolvable, doit être déduite de la masse, sauf à en venir à un réglement ultérieur, dans le cas où le donataire insolvable reviendrait à meilleure fortune.

Pothier, *Traité des Don.*, art. 353; Malleville, sur l'art. 930: Levasseur, n° 114; Delaporte, n° 214; Delvincourt, t. II, p. 244; Duranton, t. VIII, n° 339; Vazeille, sur l'art. 922, n° 18; Coin-Delisle, sur l'art. 923, n°* 8 et suiv.; Marcadé, loc. cit.; Saintespès-Lescot, n° 517; Taulier, t. IV, p. 54; Demolombe, t. II, n° 606.

Qu'elle est la méthode à suivre pour opérer la réduction?

6. — Pour compléter la théorie de la réduction des libéralités excessives, il nous reste à faire connaître le mode qu'il convient de suivre, pour opérer le retranchement lorsque différentes libéralités sont faites par un seul et même acte, ou qu'elles sortent à effet à la même date.

Toullier (t. V, n° 872), approuvé par Grenier (n° 585), Coin-Delisle (sur l'art. 1094, n° 18) et Troplong (n° 2617), enseigne que, dans ce cas, les libéralités doivent être réduites au marc le franc d'après les art. 923 et 926; en faisant observer que ce qui sera donné en usufruit devra nécessairement être évalué en propriété, attendu que, pour arriver à former une masse totale, il est indispensable de rendre homogènes toutes les libéralités qui doivent concourir à la formation de cette masse.

Delvincourt (Ch. 1, sect. 3, § 1, note), se fondant sur ce que dans la masse formée par la combinaison des deux disponibles, il y a une part privilégiée qui ne doit profiter qu'à celui en faveur duquel la loi l'a établie, n'admet le concours entre deux légataires, que jusqu'à concurrence de la quotité disponible qui leur est commune. L'éminent jurisconsulte commence donc par prélever la part privilégiée qu'il attribue à l'ayant droit, puis il distribue la masse réduite au disponible le plus faible, proportionnellement à la valeur de chaque disposition.

Prenons un exemple :

Paul a un patrimoine de 48,000 fr.

Il lègue à sa femme un quart en propriété et un quart en usufruit, et à l'aîné de ses trois enfants, un quart en pleine propriété.

1° D'après le système Toullier, en évaluant l'usufruit à la moitié de la pleine propriété, le legs fait à la femme est d'un quart et demi, soit 18,000 fr., et celui fait à l'enfant est de 12,000 fr.

La masse des deux legs arrivant ainsi à 30,000 fr. et le disponible le plus élevé n'étant que de 18,000 fr., il y a lieu à un retranchement de 12,000 fr., qu'on fait supporter à raison de trois parts, par la femme, parce qu'elle prend trois parts du disponible, et de deux parts, par l'enfant qui n'en prend que deux (1). Ainsi, la femme recevra les $\frac{3}{5}$ de 12,000 fr.

___

(1) La réduction s'opère d'après les deux règles de proportion que voici :

Première règle. — La masse des legs ou 30,000 fr. : 18,000 fr. (legs fait à la femme) : : 12,000 fr. (legs fait à l'enfant) : x. Ainsi, en multipliant 18,000 fr. par 12,000 fr., et en divisant le produit par 30,000 fr. on a la valeur de x, c'est-à-dire 7,200 fr. montant du legs réduit fait à l'enfant.

Deuxième règle. — Pour trouver le montant du legs réduit revenant à la femme, on procède à la même opération en posant la proportion comme suit :

$$30,000 : 18,000 : : 18,000 : x,$$
$$x = 10,800.$$

L'enfant reçoit donc 7,200 fr., et la femme 10,800 fr.

en pleine propriété, plus les $\frac{3}{5}$ de 12,000 fr. en usufruit
ci. . . . . { prop. 7,200 / usuf. 7,200

et l'enfant prendra les $\frac{2}{5}$ de 12,000 fr. en propriété, plus les
$\frac{2}{5}$ de 12,000 fr. en usufruit, ci. . . . . { prop. 4,800 / usuf. 4,800

Mais, comme le legs fait à l'enfant ne comporte aucun usufruit, il faut, pour respecter la volonté du disposant, échanger l'usufruit attribué à l'enfant (4,800 fr.) avec une part équivalente de la portion en pleine propriété donnée à la femme (2,400 fr.). En définitive, la femme aura donc
en . . . . { prop. 4,800 / usuf. 12,000

et l'enfant 7,200 fr. en pleine propriété.

2° En suivant le système Delvincourt, on commence par prélever l'usufruit du quart auquel la femme a seule droit (12,000 fr.). Puis on réduit la somme des deux legs (24,000 fr.) au marc le franc entre les deux légataires, en prenant pour base de la réduction, le disponible le plus faible.

Ainsi, la somme des legs étant de. 24,000
Et le disponible à distribuer n'étant que de. 12,000
_____
L'excès est de 12,000
C'est-à-dire de moitié.

Maintenant, pour trouver la part de l'usufruit converti en pleine propriété entrant dans le lot de l'enfant, on divise 7,200 par 3, ce qui donne 2,400 fr.

Puis on déduit 2,400 de 7,200 et l'on trouve le montant du lot en pleine propriété lequel est de 4,800 fr.

En conséquence, les 7,200 fr. reçus par l'enfant représentent 4,800 fr. en pleine propriété et 4,800 fr. en usufruit.

En faisant le même calcul relativement au lot de la femme, on trouve que les 10,800 fr. reçus par elle se composent de 7,200 fr. en pleine propriété, et de 7,200 fr. en usufruit.

Mais comme, d'après la disposition testamentaire, le lot de l'enfant ne doit comprendre que des valeurs en pleine propriété, on fait passer dans le lot de la femme, l'usufruit porté dans le lot de l'enfant (4,800 fr.), et on prend dans le lot de la femme, pour la faire passer dans le lot de l'enfant, une valeur en propriété correspondante à cet usufruit (2,400 fr.).

Il faut donc faire subir à chaque legs une réduction de moitié, de sorte que la femme et l'enfant prendront chacun 6,000 fr.

Somme toute, la femme aura 12,000 fr. en usufruit, plus 6,000 fr. en pleine propriété, et l'enfant recevra 6,000 fr. en pleine propriété (1).

Ce dernier système nous paraît préférable. En effet, n'est-ce pas à cause de la faveur spéciale que la loi fait au conjoint que, dans notre hypothèse, le disponible le plus étendu comprend en sus du disponible le plus faible un quart en usufruit?

Or, si l'on prend pour base de la réduction non le disponible ordinaire, mais le disponible entre époux, il suit que, contrairement au vœu de la loi, on fait profiter l'enfant des dispositions extensives de l'art. 1094 qui ne sont établies que pour le conjoint.

Il faut donc reconnaître que le système Toullier n'est admissible que dans le seul cas où le disponible est le même pour les deux légataires, et que, quand le disponible est différent pour chacun d'eux, on doit recourir à la méthode Delvincourt (2). En procédant différemment,

(1) Si l'excès de la somme des libéralités ne présentait pas un chiffre rond, comme la moitié, le tiers, le quart, etc., on opérerait la réduction d'après les deux règles de proportion qui se trouvent dans la note ci-dessus se rattachant au système Toullier.

(2) Il peut arriver que la masse des libéralités faites au conjoint et à des tiers, ne dépasse pas la quotité disponible la plus étendue, et que, néanmoins, il y ait lieu d'en opérer la réduction ; c'est lorsque, contrairement aux principes établis *supra*, n° XXIII, l'un des légataires reçoit des valeurs supérieures au montant du disponible qui lui est applicable, et que l'autre légataire ne reçoit qu'un objet déterminé. Dans ce cas, comme le légataire de l'objet déterminé ne peut réclamer rien autre chose que l'objet légué, le retranchement que subit l'autre legs passe nécessairement tout entier dans la réserve.

Citons un exemple :

Paul, laissant un enfant issu d'un premier mariage et un patrimoine de 24,000 fr., meurt après avoir légué 8,000 fr. à sa seconde femme, et 4,000 fr. à un étranger.

Celui qui ne laisse qu'un seul enfant peut disposer de la moitié de ses biens (Art. 913). Cela est incontestable, tant que la disposition profite à des tiers ; mais, lorsqu'elle profite à un conjoint en secondes

on pourrait se trouver engagé dans des solutions impossibles, dans des embarras sans issue.

Supposons, par exemple, que Paul, père d'un enfant né d'un premier mariage, lègue 1'',000 fr. à sa seconde femme et 5,000 fr. à un étranger, et qu'il laisse un patrimoine de 20,000 fr.

Si l'on opère la réduction d'après le système que nous combattons, on attribuera à la femme 6,666 fr. 66 c., et à l'étranger 3,333 fr., 33 c.

Mais, d'après l'art. 1098, la femme en secondes noces ne peut recevoir que le quart des biens ou 5,000 fr. A qui accorder alors les 1,666 fr., 66 c. qui excédent le disponible entre époux ? On ne peut pas les ajouter au legs fait à l'étranger, car on reconstituerait ce legs à sa valeur primitive, ce qui est impossible; on ne peut pas non plus les faire passer dans la réserve, car, en donnant au-delà du disponible, le testateur a évidemment voulu réduire son enfant à la réserve la plus simple.

Donc un pareil résultat est manifestement erroné. Or, toute méthode qui conduit à des résultats faux, doit être rejetée.

noces, dès lors qu'il existe des enfants du premier mariage, elle tombe sous l'application de l'art. 1098, et devient ainsi réductible à une part d'enfant le moins prenant, sans pouvoir jamais excéder le quart des biens.

En conséquence, dans l'espèce proposée, le legs fait à la femme sera réduit à 6,000 fr., et les 2,000 fr. retranchés passent dans la réserve. En effet, d'une part, le légataire étranger ne serait fondé à élever aucune plainte, puisqu'on lui délivre tout ce que la disposition testamentaire lui accorde; et d'autre part, les dispositions restrictives de l'art. 1098 n'ayant été établies qu'en faveur des enfants du premier mariage, eux seuls, ont qualité pour intenter l'action en réduction. (Comp. nos XXVI,—1, 3ᵐᵉ esp., XXIX,—1.)

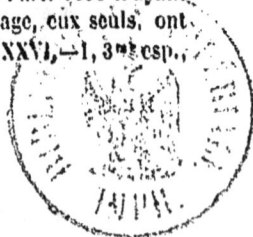

FIN.

TABLE DES MATIÈRES.

§ I.

Des donations entre époux par contrat de mariage.

§ II.

Des donations entre époux pendant le cours du mariage.

§ III.

De la quotité disponible entre époux.

SECTION I.

DISPOSITIONS GÉNÉRALES.

8

SECTION II.

DES DIFFÉRENTS CAS OU L'ÉPOUX EST SEUL DONATAIRE OU LÉGATAIRE DE LA QUOTITÉ DISPONIBLE.

SECTION III.

DES DIFFÉRENTS CAS OU L'ÉPOUX EST DONATAIRE OU LÉGATAIRE CONJOINTEMENT AVEC D'AUTRES PERSONNES.

§ IV.

Des libéralités déguisées, et des personnes interposées.

§ V.

De la réduction des libéralités excessives.

FIN DE LA TABLE DES MATIÈRES.

VALENCE, IMPRIMERIE JULES CÉAS ET FILS.

Contraste insuffisant

NF Z 43-120-14